Anderson English 영어 말문터지기 1

미국인은 절대 못 가르치는 영어

Anderson English 영어 말문터지기 1

지은이 | Anderson

도서출판 (주)도전과 내일

미국인에겐 절대 배울 수 없는 뉘앙스 영어!

우리는 한국인입니다. 태어나서 이때껏 한국어만 듣고 말해 왔죠. 그런 우리가 어떻게 하면 영어를 잘 할 수 있을까요? 무작정 미국으로 어학연수를 떠나면 될까요? 아니면 무작정 한국에 살고 있는 미국인을 친구로 사귀면 말문이 터질까요? 물론, 아무것도 하지 않는 것보다야 낫겠죠. 근데 이건, 마치 초등학생이 싸움을 배우겠다고 무작정 동네 건달에게 덤비고 보는 것과 별반 다르지 않아요. 물론, 흠씬 두들겨 맞아서 '맷집'이 늘거나, 헐렁한 건달에게 1승을 거두고 '자신감'을 얻을 수는 있겠죠. 그러나 이렇게 해서는 진정한 싸움꾼이 될 수는 없어요.

영어도 마찬가지예요. 기초도 없이 무작정 미국에 가고, 미국인과 사귄다고 영어의 강자가 되는 것은 아니에요. 미국인들은 외국인이 영어를 좀 틀리게 한다고 해서 나무라지 않아요. 친하지 않은 경우, 고쳐주지도 않죠. 또한 여러분이 'have to'와 'should'의 차이가 뭐냐고 물어봐도 제대로 설명하지 못하는 경우가 태반일 거예요. 왜냐하면 선천적으로 그 미묘한 차이를 느낄 뿐이지 영어(미국인에게는 국어겠죠.)를 별도로 공부하지 않은 사람은 그 차이를 설명할 수 없거든요. 따라서 미국인은 절대 가르칠 수 없는 영어가 있다는 사실을 꼭 기억하세요. 먼저, 말하는 요령을 배우고 나서 어느 정도 말문이 터지면 미국인과 연습해야만 진정한 영어 실력자가 되는 거예요.

가끔 단기 어학연수를 다녀와서 "미국에 다녀오니 듣기가 좀 돼요."라고 하시는 분들이 있는데, 정말 미국인이 무슨 말을 했는지 정확히 이해한 것일까요? 혹시, 단어 한두 개 듣고 대충 때려 맞춘 것은 아닌가요? 대체로 후자에 속하면서 영어 실력이 굉장히 향상된 것처럼 생각하는 분들에게 몇 개의 문장을 드릴 테니, 한번 영어로 말해 보시죠.

- 내가 버스 타면서 전화할게.
- 우리 나가서 소주 마실까?
- 걔(he)가 올까?
- 네가 나보다 어리다니!
- 여기서 담배 피우면 안 돼!
- 엄마가 너 오지 말래!
- 어제 말고 오늘 말이야!

어떤가요? 바로바로 영작이 되나요? 잘 안 된다고요? 혹시 어려운 단어가 있어서 그런가요? 솔직히 어려운 단어는 없죠? 다만, 보라색으로 쓰인 말들을 영어로 바꾸려니 막막할 뿐이죠. 만약, 이 문장들을 영어로 바로바로 바꿀 수 있다면 당신은 이 책을 볼 필요가 없어요. 지금 실력만으로도 영어의 고수이니, 당장 미국으로 가셔도 문제될 것이 없겠네요.

근데, 그렇지 않은 분들은 이제부터 제가 하는 말에 집중하세요. 영어 공부의 비법을 말씀드릴 테니.

영어를 잘 하려면 먼저, 우리말의 의미와 그 뉘앙스를 정확히 알아야 해요. 많은 분들이 무작정 영어 원서를 해석하고, 무조건 미국 드라마를 보기만 하면 영어가 늘 것이라고 생각해요. 근데 그렇게 해서는 절대로 말문이 트이지 않아요. 왜냐하면 우리는 한국인이기 때문에 영어로 말을 하려고 할 때에도 항상 한국말을 먼저 떠올리거든요. 그러니까 우리말의 의미와 뉘앙스를 제대로 알아야 영어도 잘 할 수 있는 거예요. 가령, "나 소주 마실게."라는 말과 "나 소주 마실 거야."라는 말을 영어로 바꿔 보라고 한다면 어떻게 할 건가요? "무슨 차이가 있지?" 이러면서 그냥 "I'll drink 소주."라고 할 건가요? 그런데, 이 두 문장의 뜻은 분명히 다르기 때문에 영어로도 다르게 표현해야 해요. 어떻게 다르냐고요? 그건 Part 3에서 확인하세요.

그런 다음에는 우리말의 느낌을 살려 영어로 바꾸는 연습을 다양하게 해야 해요. 이 책에는 수년간 제가 연구하고 가르쳐 온 '뉘앙스를 살린 영작 비법'이 정리되어 있어요. 그런데 이 비법만으로는 영어 실력이 향상되지 않아요. 다양한 예문을 통해 영작하는 연습을 꾸준히 해야만 입에서 영어가 술술 나오게 되죠. 그래서 각 chapter에 많은 부분을 영작 연습을 할 수 있도록 구성했으니 책을 따라가면서 꾸준히 연습하도록 하세요.

하나 더, 독해, 듣기, 문법도 중요하지만 말하기를 가장 먼저 공부하세요. 말문이 트이기만 하면 듣기나 읽기는 쉽게 배울 수 있거든요. 또한 영어 공부를 할 때, 'ing=동명사, 현재분사', 'must=의무=해야 한다', 'will=미래형 조동사' 등등의 문법 공식은 깨끗이 지워버리고 가벼운 마음으로 접근하세요. 이런 공식을 계속 염두에 두면 절대 입이 열리지 않거든요. 엄마가 옹알이를 하는 아기에게 말을 가르치면서 "이건 조사고, 이건 조동사야. 알겠니, 아가?"라고 하지 않잖아요. 영어를 처음 접하는 우리도 마찬가지예요. 그래서 이 책에서는 이런 문법적인 접근을 배제했으니 영어에 알레르기 있는 친구들도 부담 없이 공부할 수 있을 거예요.

오랫동안 영어를 공부하고, 수년간 학생들을 가르치면서 참 많이 답답했어요. 자신에게 맞지도 않는 방법으로, 단순히 시험 성적을 올리기 위해 죽은 영어를 공부하며 시간을 낭비하는 경우를 많이 보았거든요. 이런 학생들과 영어에 목말라 하는 여러분께 다시 한 번 당부를 드리고 싶군요. 제발 재미없고, 지루하기 짝이 없는 영어 공부는 그만하세요. 미국인은 가르칠 수 없고, 말문을 열어주는 살아 있는 영어로 진정한 실력자가 되길 진심으로 바랍니다.

끝으로 이 책을 마무리할 때까지 저의 게으름을 참고 견뎌주신 언어의 감각파이신 한영미 씨와 미적 감각파이신 권태훈 씨께 깊은 감사를 드리고 항상 저의 버팀목이 되어준 사랑하는 가족들에게 고마움을 전합니다.

2009년 12월
앤더슨

이렇게 공부하세요 ❶

여러분은 지금까지, 듣기와 읽기 위주로 영어를 공부해 왔죠? 어땠나요? 재미있었나요? 아니면 영어에 시간을 투자한 만큼 입에서 영어가 술술 나오던가요? 많은 분들이 영어 공부를 열심히 함에도 불구하고 항상 뭔가 부족하다고 느끼더군요. 아니면 자신에게 맞지 않는 학습법에 지쳐서 스스로를 인내심이 없는 사람이라고 낙인찍고, 영어를 포기한 분들도 많더라고요. 이런 분들에게 자신 있게 말씀드리고 싶군요.

지금까지의 영어 학습법은 모두 버리세요! 실생활과 유리되고, 재미없이 시간만 낭비한 공부 습관에서 벗어나세요. 미국인만 만나면 벙어리가 되고, 토익 점수를 올리기 위해 듣기와 읽기에만 열중했다면, 이제부터는 "이 말(우리말)을 영어로는 어떻게 할까?"를 고민하세요. 그리고 입을 여세요. 그래야 살아있는 영어를 만날 수 있어요.

이 책에는 제가 수년 간 영어를 가르치면서 터득한 말문을 열어 주는 영어 비법이 다양하게 수록되어 있어요. 우리말의 뉘앙스를 살려 영작하는 방법과 우리가 잘못 알고 있는 영어 표현의 실제 의미, 미국인은 설명할 수 없는 영어 표현의 차이점을 알기 쉽고 재미있게 정리했어요. 그러니 영어에 흥미와 자신감을 잃어버린 분들도 부담 없이 이 책을 열어 보세요.

잠깐! 이 책을 본격적으로 공부하기 전에 아래에 제시한 3가지 원칙을 꼭 기억하고, 행동으로 옮기세요.

1. 말하기에 집중하세요.

영어는 펜으로 써가면서 죽도록 외워야 하는 암기 과목이 아니에요. 입으로 말을 하며 익혀야 하는 살아있는 언어죠. 일단 말문이 트이면 미국인이 말하는 것을 정확하게 들을 수 있게 돼요. 그리고 나면 그것을 글로 옮길 수 있게 되고, 그 글을 자연스럽게 이해하게도 되죠. 그러니 말하기에 집중하세요.

2. 영어식 어순으로 말하세요.

　우리말과 영어는 어순이 완전히 달라요. '우리말은 끝까지 들어봐야 안다.'는 말이 있죠. 우리말은 화자의 의도를 집약적으로 나타내는 서술어가 문장의 끝에 오기 때문에 말이 끝날 때까지 들어봐야 그 의도를 파악할 수 있어요. 그러나 영어는 달라요. 영어는 주어 다음에 서술어가 오기 때문에 앞부분만으로도 의미 파악이 가능하죠. 뿐만 아니라 우리말은 앞에서 꾸며주는 반면에 영어는 뒤에서 꾸며 주죠. 이렇게 우리말과 영어는 사고의 흐름이 정반대이기 때문에 우리말을 영어로 바꾸는 것은 결코 쉽지 않아요. 따라서 영어를 잘하기 위해서는 평소에 우리말을 할 때에도 영어식 어순으로 말하는 습관을 들여야 해요. 물론 처음에는 쉽지 않을 거예요. 영어식 어순이 뭔지도 모르고, 주변의 시선도 의식해야 하니까요. 그래도 이 책에 제시된 영어식 어순으로 된 우리말 문장을 참고하여 조금씩 연습해 보세요.

3. 영작 연습을 지속적으로 하세요.

　앞의 두 가지 내용을 숙지했다면 이젠, 다양한 문장을 통해 지속적으로 영작 연습을 하는 길만 남았어요. 이 책에는 영어의 말문을 여는 다양한 비법들이 담겨 있어요. 그러나 아무리 훌륭한 비법이라 할지라도 지속적으로 연습하지 않는다면 무용지물이 되고 말죠. 이 책에는 여러분이 충분히 영작 연습을 할 수 있도록 총 6쪽에 걸쳐 다양한 문장을 수록했어요. 또한 기억하기 쉽도록 재미있고, 실생활에 유용한 문장으로만 선별했으니 수록된 문장을 전부 외울 정도로 연습해 보세요. 그럼 분명 달라진 여러분을 만날 수 있을 거예요.

　끝으로 이 책에서는 완전 기초 단어와 문법은 다루지 않았어요. 기초 영어에 관한 학습 자료나, 영어 공부에 유용한 정보를 더 원하시는 분들은 [다음카페 - 영어말문터지기 http://cafe.daum.net/EnglishwithGeorge] 로 오셔서 도움을 받으시길 바라요.

이렇게 공부하세요 ②

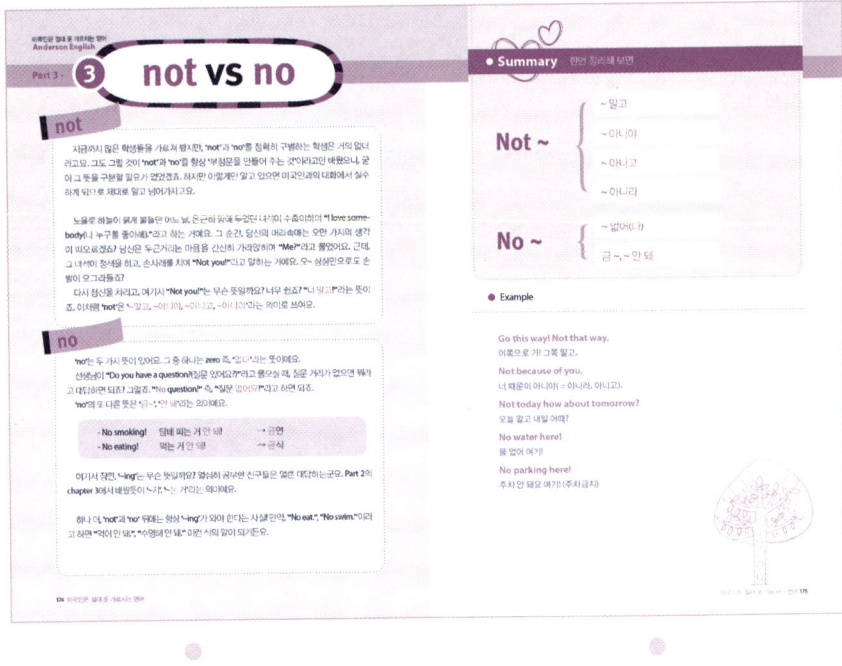

'not vs no'에 대한 설명 부분이에요. 여기에서는 'not'과 'no'의 의미를 설명하고, 우리말의 뉘앙스를 살려 'not'과 'no'를 해석하는 방법과 영작할 수 있는 비법이 담겨 있어요. 또한 미국인들이 'not'과 'no'를 어떤 상황에서 사용하는지 그 차이점을 명확하게 제시하여 여러분이 쉽게 알 수 있도록 구성했어요.

앞에서 배운 'not'과 'no'에 대한 설명을 한눈에 볼 수 있게 표로 요약한 부분이에요. 이 부분을 그냥 넘기지 말고, 자주 보면서 암기하세요. 말로 설명된 부분보다 훨씬 기억하기에 수월할 거예요.

또한 'not'과 'no'에 대한 이해를 돕기 위해 예문도 수록했으니 참고하세요.

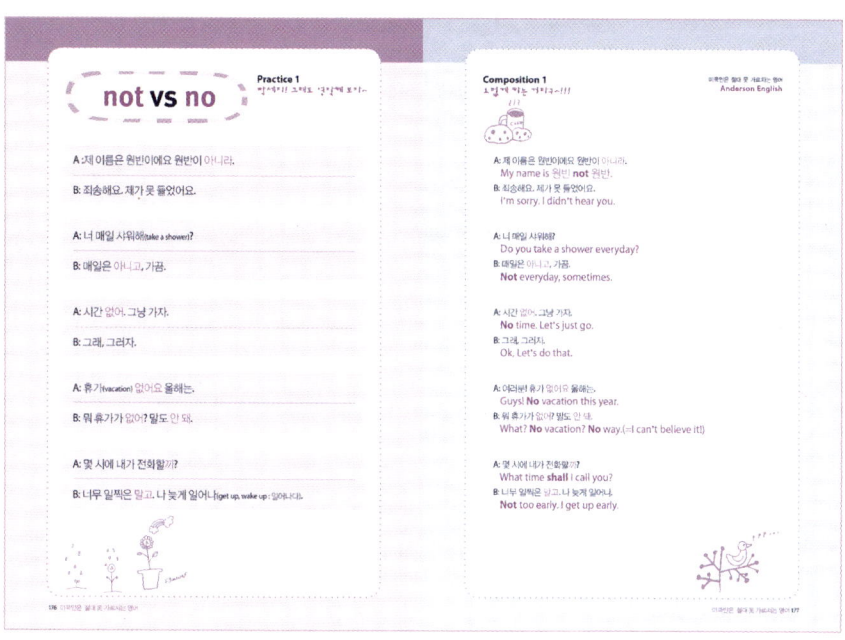

이제부터는 정말 중요한 연습 부분이에요. 일단 개념을 파악했다면 무조건 입으로 영어를 만들어 보는 것이 중요해요. 다양한 우리말 예시문을 담았으니 영어로 옮겨 보세요. 주의! 영작 연습을 할 때는 절대 답을 먼저 보지 마세요.

앞에서 배운 설명을 바탕으로 충분히 우리말로 바꾸어 말해보세요. 천천히 영작해도 좋아요. 잘 못해도 괜찮아요. 소리 내어 반복해서 말해 보세요. 이 연습을 충분히 했다면 이제는 자신의 표현이 맞는지 확인해 보세요.

이 책의 마지막 부분인 **Part 5**에는 그동안 공부한 내용을 점검해 볼 수 있도록 **Test** 5개와 **Dialog**를 수록했어요. 책을 읽은 후에는 이 부분을 참고하여 직접 대화 내용을 만들어 영어로 말하는 연습을 꾸준히 하세요.

추천의 글

부산에서 늘 선생님 수업 받고 싶어 마음 졸이며 그리워하는 사람입니다. ^^ 매번 KTX를 타고 오르내리면서 '내가 참 잘하고 있다.'고 스스로 다독였습니다. 서울에 올라가서 선생님께 배우고 나면 희열을 느낍니다.

'아! 그렇구나.'

어디서도 배우지 못했던 그것. 그래서 그만큼 귀하고 감사할 따름입니다. 제가 가르치는 우리 아이들에게도 선생님처럼 없어서는 안 될 귀한 선생님이 되어야겠어요.^^

-부산 초등학교 교사-

저는 순수한 국내파로서 영어로 먹고 사는 프리랜서였습니다. 근데, '회화'에 항상 부족함을 느끼곤 했어요. 남들은 제가 토익 만점을 받기 때문에 영어 고수라고 생각하지만 저는 항상 '회화(네이티브식 사고, 콩글리쉬 고치기)'에 관심이 많았습니다. 그래서 20대 초·중반에는 어학원 문도 두드리고, 원어민이나 교포와의 과외도 세 번이나 받아보았지요. 그러나 Native와의 1:1 회화 수업은 practice일 뿐이지 실제적인 실력 향상에는 도움이 되지 않더군요. 이 부분에 대해 많은 영어 학습자들이 동감하리라 생각합니다. 그래서 섣불리 어학원 회화 강의를 신청하지 않았어요.

근데, **Anderson** 샘의 수업을 듣고 나서 정말 많은 것을 배웠어요. 이제야 진짜 입에서 술술 나오는 살아 있는 영어를 할 수 있게 되었거든요.

- 서울 토익 만점 강사 -

예전에 어느 1:1 영어 학원을 다니다가 우연한 기회로 선생님과 인연을 맺게 되어 거의 일 년 가까이 선생님 수업을 듣고 있습니다.

저뿐만 아니라 우리나라 사람 대부분은 영어의 말문을 트는 데 많은 어려움을 겪고 있는 것 같습니다. 우리나라 말이랑 영어랑 구조상 다르니까 말이죠.

선생님은 수업하실 때 "이런 상황에서 이런 말을 하고 싶은데 이걸 영어로 어떻게 하지?"라고 영어로 상황을 설명해 주시고, 그에 대한 답을 학생이 이해하고 말할 수 있도록 가르쳐 주세요. 그리고 말을 할 때, 머릿속에 떠오르는 우리말 문장들을 그대로 영어로 바꾸어 표현할 수 있도록 도와주시니 외국인과의 대화 공포증도 사라지더라고요.

우리나라 사람들 중에 영어 스피킹을 잘하는 경우, 대체로 어려운 단어 섞어 가면서 문장을 길게 늘이면서 말하는 경향이 있잖아요. 근데 선생님께서는 장황하고 길게 말하는 것보다 정말 네이티브들이 말하는 기본적인 문장들을 가르쳐 주시고, 그 문장들을 섞어서 여러 문장을 연결해 말할 수 있도록 도와주세요. 그러니 어렵거나 부담스럽지 않게 말을 할 수 있게 되더군요.

처음 선생님과 영어수업을 했을 때 다른 회화 선생님들과 가르치는 방식이 완전 달라 신선했고, 쉽고 재미있어서 선생님 수업에 푹 빠지게 되었습니다. 그러니깐 굳이 노력하지 않아도 오랫동안 지속적으로 영어 공부를 하게 되더라고요.

영어에 관심이 있는 분이시라면 선생님과의 수업을 꼭 추천해드리고 싶습니다.

-고려대 남학생-

친구 소개로 Anderson 선생님을 알게 되어, 방학을 맞아 경남 창원에서 올라온 학생입니당~~ 저는 어학연수 안 가고 영어 회화를 잘 해보자는 생각으로 제가 사는 지방에서 다른 회화 학원도 많이 다녀봤어요. 근데 별로 도움이 되지 않아, 친구와 고민을 나누던 중에 쌤을 알게 되었지요. ㅋㅋ

　　일단, 그룹 과외식으로 진행되는 수업방식이 너무 맘에 들었어요. 학생들이 많으면 주위도 산만하고, 제가 말할 수 있는 기회도 줄잖아요. 근데 사람이 많지 않으니 실수를 해도 창피하지 않고, 영어를 말할 기회도 많아 좋더라고요. 그리고 패턴 위주의 수업으로 짧은 기간 안에 회화 실력이 부쩍 느는 것을 느낄 수 있었어요!!! 지금 2달째 강의를 듣고 있는데 선생님께 계속 배우고 싶어서 학교 개강하면 한 달에 2번 정도 지방에서 올라와서 수업을 들으려고 해요.

　　요즘엔 '진작 선생님을 알았다면 얼마나 좋았을까.'하는 생각이 듭니다. ㅠㅠ 3월부터 지방에서 올라와서 수업을 듣는다는 게 다소 힘들 수도 있지만 선생님께 꾸준히 배운다면 저도 언젠간 영어를 모국어처럼 할 수 있을 것 같아 기대가 돼요. ^^

　　선생님 방식처럼 영어 회화를 가르치는 대한민국 영어 선생님이 많아졌으면 좋겠네요!!

- 경남 창원, 영어통역과 학생-

　　외국에 나갔다가 볼 일을 마치고 호텔에 들어가 휴식을 취하면서 웹서핑을 했어요. 그때 우연찮게 Anderson 선생의 강의를 알게 되었어요. 그 순간 '바로 이거다!' 싶더군요. 강의 방법이 독특해서 제 영어에 대한 갈증을 시원하게 풀어줄 수 있을 거란 확신이 들더라고요. 그래서 귀국하자마자 Anderson 선생을 찾아갔죠.

　　역시, 제 예상이 맞았습니다. 수업을 들어보니, 수십 년 간 영어를 배우면서 항상 어느 순간에 포기하게 만들었던 한계와 절망감을 느끼게 했던 몇 퍼센트의 공백을 채워주는 그런 강의더군요. 또한 Anderson 선생의 수업은 수많은 친구와 동료들, 아니 내가 알고 있는 모든 사람들에게 지금 내가 영어를 배우고 있다고 자랑스럽게 얘기하고, 추천할 수 있는 강의입니다.

　　수업을 계기로 개인적으로 친해지기도 했지만, Anderson 선생은 영어 교습 방법에 획기적인 전환을 가져온 분이라고 생각합니다.

-드라마·영화감독-

- 본 추천의 글은 다음카페 'Anderson English 영어 말문터지기'의 학생들의 실제 수업 후기입니다

차례

PART 1 - 이것도 모르면 안 되지!

1. shall (=should) p18
2. will p26
3. do p34
4. what, how p42
5. 's, whose p50
6. have to p58
7. I was going to p66
8. can p74
9. some, a lot p82

PART 2 - 그게 아니지!

1. think는 '생각하다'가 아니지 p92
2. ing는 '현재분사'가 아니지 p100
3. ing는 '동명사'가 아니지 p108
4. and는 '그리고'가 아니지 p116
5. better는 '~하는 편이 낫다'가 아니지 p124
6. I can't believe it!은 '믿을 수 없어'가 아니지 p132
7. mind는 '꺼리다'가 아니지 p140
8. say는 '말하다'가 아니지 p148

PART 3 - 구별하기 힘들지?

1. will vs be going to p158
2. must vs have to vs should p166
3. not vs no p174
4. maybe vs probably p182

PART 4 - 이 정도는 알아야지!

1. Come on, Gee p192
2. Excuse me, Sorry p200
3. Right p208
4. Idoms p216

PART 5 - Test & Dialog

1. Test p226
2. Dialog p236

미국인은 절대 못 가르치는 영어
Anderson English

Part 1
이것도 모르면 안 되지!

영어 말문을 트는 데 꼭 필요한 표현들을 배우고, 문장으로 연습해 봐요.

Part 1 - 1 shall

한동안 중년 남성들의 춤바람을 주도했던 <Shall we dance?>라는 영화가 있었죠! 좋은 춤바람을 꿈꾸는 친구들은 가까운 DVD 대여점으로 가시고요. 우리는 말문이 트이는 영어 공부나 시작하자고요.

"Shall we dance?"에서 'shall'은 무슨 뜻일까요? 중·고등학교 다닐 때, 나름 열심히 공부했던 친구들은 망설임 없이 당당하게 "'권유'의 의미죠."라고 하겠지만, 그렇게만 기억하면 절대 말문은 트이지 않아요.

이 문장은 "우리 춤출까?"라고 해석해야 해요. 물론 "우리 춤출래?"라고 이해해도 되지만, "Shall I dance?"라고 할 때 "나 춤출래?"라고 하면 말이 안 되기 때문에 'shall'은 무조건 '까?'로 기억해야 말문이 쉽게 열리게 되겠죠.

> A: Shall(Should) I give you some money?   내가 네게 돈 좀 줄까?
> B: Really? How much will you give me?   정말? 얼마 줄래?

위 예시문에서 "Shall(Should) I give you some money?"라는 문장을 "내가 네게 돈 좀 줄래?"라고 하면 이상하죠? 그러니까 꼭 '까?'로 기억하세요.

근데, 여기서 잠깐! '~까?'로 끝나는 문장이라고 해서 무조건 'shall'로 바꿔서는 안 돼요.

> A: Shall(Should) we drink 소주?   우리 소주 마실까?
> B: That sounds good!   그거 좋지!
>
> A: Will the bus come soon?(I wonder~)   버스가 금방 올까?
> B: Probably!   아마도!

위 예시문에서 "버스가 금방 올까?"라고 해석되는 "Will the bus come soon?"이라는 문장에는 'shall'을 사용하지 않았죠? 'shall'은 "Shall(Should) we drink 소주?"라는 문장처럼 '소주를 마실까?, 말까?, 어떡할까?, 네 생각은 어때?'라는 의미일 때만 써야 해요. 즉, '나(우리) ~할까?, 말까?, 어떡할까?'의 의미를 나타낼 때 '~까?'를 'shall'로 바꿔야 한다는 말이에요.

그리고 'shall'은 'should'로 써도 괜찮아요. 보통 'shall'은 영국식 영어 표현, 'should'는 미국식 영어 표현이라고도 하는데, 굳이 따질 필요는 없어요.

● Summary 한번 정리해 보면

shall (should) { we ~ ? [우리 ~까?]
I ~ ? [내가(나) ~까?] }

● Example

Shall(should) we dance?
우리 춤출까?

What shall(should) I buy?
나 뭐 살까?

What time shall(should) we meet?
우리 몇 시에 만날까?

Shall(should) we take the bus?
우리 버스 탈까?

Where shall(should) we go?
우리 어디 갈까?

shall

Practice 1
빡세지! 그래도 영작해 보자~

A: 우리 소주 마실까?

B: 글쎄, 너무 독하지(strong) 않아?

A: 나 장동건이랑 결혼(marry)할까?

B: 걔(he)가 네 이름은 아니? 꿈 깨(get real)!

A: 너 어떻게 영어를 그렇게 잘 할 수 있어?

B: 내가 비결을(the secret) 말해줄까?

A: 주사 맞아야 돼요!(get a shot)

B: 바지 벗을까요?(take off)

A: 나 오늘 바빠!

B: 그럼 내일 만날까?

Composition 1
요렇게 하는 거라구~!!!

미쿡인은 절대 못 가르치는 영어
Anderson English

A: 우리 소주 마실까?
Shall(should) we drink 소주?
B: 글쎄, 너무 독하지 않아?
Well, isn't it too strong?

A: 나 장동건이랑 결혼할까?
Shall(should) I marry 장동건?
B: 걔가 네 이름은 아니? 꿈 깨!
Does he know your name? Get real!

A: 너 어떻게 영어를 그렇게 잘 할 수 있어?
How can you speak English so well?
B: 내가 비결을 말해줄까?
Shall(should) I tell you the secret?

A: 주사 맞아야 돼요!
You **have to** get a shot!
B: 바지 벗을까요?
Shall(should) I take off my pants(=take my pants off)?

A: 나 오늘 바빠!
I'm busy today!
B: 그럼 내일 만날까?
Then **shall(should)** we meet tomorrow?

shall

Practice 2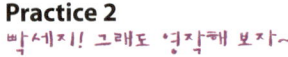

A: 우리 어디서 만날까?

B: 너 강남역 앞에 있는 병원 알아?

A: 우리 무슨 라면 먹을까?

B: 그냥 아무 라면이나.

A: 나 남자 친구 생일 선물(for my boyfriend's birthday) 뭐 사줄까?

B: 현금을 주지 그래?

A: 우리 쇼핑하러 나갈까?

B: 좋아, 그러자.

A: 커피 한 잔 타 드릴까요?

B: 아니요, 됐어요.

Composition 2

A: 우리 어디서 만날까?
Where shall(should) we meet?
B: 너 강남역 앞에 있는 병원 알아?
You know the hospital in front of 강남 station?

A: 우리 무슨 라면 먹을까?
What(which) 라면 shall(should) we eat?
B: 그냥 아무 라면이나.
Just any 라면.

A: 나 남자 친구 생일 선물 뭐 사줄까?
What shall(should) I buy for my boyfriend's birthday?
B: 현금을 주지 그래?
Why don't you give him cash?

A: 우리 쇼핑하러 나갈까?
Shall(should) we go out for shopping?
B: 좋아, 그러자.
Ok, let's do that.

A: 커피 한 잔 타 드릴까요?
Shall(should) I make you a cup of coffee?
B: 아니요, 됐어요.
No thanks.

shall

Practice 3
박세지! 그래도 영작해 보자~

A: 내가 이거 낼까?

B: 아니야, 각자 내자!(split the bill)

A: 들어와서 커피 좀 드세요!

B: 그럴까요?

A: 아줌마! 이거 어디에 둘까요?

B: 구석에(in the corner) 내려놓으세요!

A: 나 너무 기분 우울해.(I feel blue = I feel depressed)

B: 기운 내(keep your chin up)! 우리 춤출까?

A: 우리, 집 청소할까?

B: 그래! 네가 창문을 맡아(take)! 내가 바닥을 맡을게!

Composition 3
요렇게 하는 거라구~!!!

미국인은 절대 못 가르치는 영어
Anderson English

A: 내가 이거 낼까?
Shall(should) I pay for this?
B: 아니야, 각자 내자!
No, let's split the bill.

A: 들어와서 커피 좀 드세요!
Come in and have some coffee!
B: 그럴까요?
Shall I?

A: 아줌마! 이거 어디에 둘까요?
Ma'am! Where **shall(should)** I put this?
B: 구석에 내려놓으세요.
Put it down in the corner.

A: 나 너무 기분 우울해.
I feel so blue.
B: 기운 내! 우리 춤출까?
Keep your chin up! **Shall(should)** we dance?

A: 우리 집 청소할까?
Shall we clean the house ?
B: 그래! 네가 창문을 맡아! 내가 바닥을 맡을게!
Ok! You take the windows! I'll take the floor!

Part 1 - 2   will

'will'은 '미래형 조동사'로서 '~할 것이다'라고 해석하면 되죠? 맞아요. 이렇게만 알고 있으면 기말고사에서 80점 정도는 맞을 수 있겠네요. 그런데 문제는 지금은 기말고사를 볼 필요가 없는데도 아직도 이렇게만 기억하고 있으니 참 답답한 노릇이에요. 'will'은 주어(I, You, She 등등)나 상황에 따라 각각 다르게 해석될 수 있어요. 한 번에 이 모든 것을 다 다루면 영어 공부를 포기할 친구들이 속출할 것 같아서, 여기서는 'will'이 'I'와 'You'를 만났을 때 어떤 뜻이 되는지를 집중적으로 알아볼 거예요.

만난 지 3년 되는 날, 남친이 멋진 옷을 입고 찾아와 좋은 레스토랑에서 식사를 하자고 하네요. 음, 뭔가 느낌이 오죠? 오늘에서야 비로소 당신이 그렇게 듣고 싶던 말을 할 것 같군요. 한껏 느끼한 표정으로 남친이 "Will you marry me?"라고 말했어요. 영어 공부를 정직하게(?) 한 당신은 "너 나랑 결혼할 것이냐?"라고 이해하며 "Ok, I will marry you!" "그래, 나 너랑 결혼할 것이다!"라고 대답을 하죠. 영어 문장만 보면 참 낭만적인데, 우리말 해석은 참 깨죠. 어떻게 해야 자연스러울까요?

A: Will you marry me?   너 나랑 결혼할래?
B: Ok, I'll marry you!   그래, 너랑 결혼할게(래).

그렇죠. 이렇게 해석해야 말문이 자연스럽게 터지지 않겠어요?

근데, 아무리 생각해도 이 남자랑 결혼하면 고생문이 훤하다 싶으면 어떻게야 할까요? 먼저 맛있게 차려진 음식은 잘 드시고, "No, I won't(will not) marry!"라고 대답해야 해요. "나 너랑 결혼 안 할래."라는 말에 남친 얼굴은 사색이 되겠죠? 그래도 당신의 미래를 위해서는 이 말을 꼭 기억하는 게 좋을 거예요.

즉, 'will you ~ ?'의 경우에는 항상 '너 ~ ㄹ래?'로만 해석해야 해요. '너 나랑 결혼할께?'라고 하면 이상하잖아요.

하나 더, 만약에 조금 전에 결혼을 거절했던 남친이 계속 전화를 해서 당신을 지치게 한다면 어떻게 해야 할까요? 그때는 'never'를 사용해 이런 다짐을 받아야 해요. "I will never call you!" 이 문장처럼 'never'는 'will' 다음에 놓이고, '절대 안 ~ㄹ게', '다신 ~ 안 할게' 라는 뜻이에요. 그러니깐 이 문장은 "다신 전화 안 할게."라는 뜻으로 퇴짜 맞은 남자의 눈물 섞인 마지막 인사말인거죠.

여기서 잠깐, 'will' 하면 생각나는 구문이 있죠? 그래요. 'be going to' 이 둘의 차이는 Part 3에서 다루기로 해요.

● Summary 한번 정리해 보면

I will~ 내가 (나는) { ~ㄹ게 / ~ㄹ래

I won't~ (will not) 내가 (나는) { 안~ㄹ게 / 안~ㄹ래

Will you~? 너 { ~ㄹ래?

● Example

I'll call you later.
내가 나중에 전화할게.

I'll go.
나 갈게.

I won't forget it.
내가 안 잊을게.

Will you marry me?
너 나랑 결혼할래?

Will you come to my house?
너 우리 집에 올래?

will

Practice 1
빡세지! 그래도 영작해 보자~

A: 너 닥칠래?

B: 알았어, 닥칠게.

A: 너 교회 올래 이번 일요일 날?

B: 확실히 몰라. 나 늦게 일어나.

A: 내가 언제 전화할까?

B: 내가 나중에 알려줄게. (let 사람 know).

A: 너 뭐 먹을래?

B: 난 자장 먹을게 (eat=have).

A: 엄마, 나 운전면허 땄어 (get a driver's license)!

B: 축하해! 내가 차 사줄게!

Composition 1
요렇게 하는 거라구~!!!

미쿡인은 절대 못 가르치는 영어
Anderson English

A: 너 닥칠래?
Will you shut up?
B: 알았어, 닥칠게.
Ok, I**'ll** shut up.

A: 너 교회 올래 이번 일요일 날?
Will you come to the church this Sunday?
B: 확실히 몰라. 나 늦게 일어나.
I'm not sure. I wake up late.

A: 내가 언제 전화할까?
When **shall(should)** I call you?
B: 내가 나중에 알려줄게.
I**'ll** let you know later.

A: 너 뭐 먹을래?
What **will** you eat(have)?
B: 난 자장 먹을게.
I**'ll** eat(have) 자장.

A: 엄마, 나 운전면허 땄어!
Mom, I got a driver's license!
B: 축하해! 내가 차 사줄게!
Congratulations! I**'ll** buy you a car!

Practice 2
빡세지! 그래도 영작해 보자~

A: 우리 여기서 자는 게 어때?(how about~)

B: 난 여기서 안 잘래! 너무 더러워.

A: 그만 전화해! 나 너 싫어!(hate)

B: 알았어! 내가 전화 안 할게.

A: 2만 원이라고 했어요? 좀 깎아 줄래요?(give me some discount)

B: 좋아요! 10% 깎아 줄게요.

A: 때려서 미안하다. 엄마한테 말하지 마!

B: 그래, 말 안 할게.

A: 우리 촛불 켜자!

B: 네가 케이크 가져와, 내가 불을 끌게.(turn off)

Composition 2
요렇게 하는 거라구~!!!

미쿡인은 절대 못 가르치는 영어
Anderson English

A: 우리 여기서 자는 게 어때?
How about we sleep here?
B: 난 여기서 안 잘래! 너무 더러워.
I **won't** sleep here! It's too dirty.

A: 그만 전화해! 나 너 싫어!
Stop calling me! I hate you!
B: 알았어! 내가 전화 안 할게.
Ok! I **won't** call you.

A: 2만 원이라고 했어요? 좀 깎아 줄래요?
You said 20,000 won? **Will** you give me some a discount?
B: 좋아요! 10% 깎아 줄게요.
Alright! I**'ll** give you a10% discount.

A: 때려서 미안하다. 엄마한테 말하지 마!
Sorry for hitting you. Don't tell your mom!
B: 그래, 말 안 할게.
Ok, I **won't** tell.

A: 우리 촛불 켜자!
Let's light the candles!
B: 네가 케이크 가져와, 내가 불을 끌게.
You get the cake, I**'ll** turn off the light.

will

Practice 3
빡세지! 그래도 명작해 보자~

A: 내 돈 어떻게 된 거야?

B: 내일 갚을게(pay back)!

A: 난 설거지 할게(wash the dishes)! 넌 화장실 청소해.

B: 그건 불공평하잖아(unfair)!

A: 이 table 옮기는 거(move) 도와주실래요?

B: 저한테 맡기세요(leave). 저 힘세요!

A: 너 또 늦었다!

B: 죄송해요. 절대 안 늦을게요 이제부터.

A: 결정해!(decide) 올래? 안 올래?

B: 나 그냥 집에 있을게(래).

Composition 3
요렇게 하는 거라구~!!!

미쿡인은 절대 못 가르치는 영어
Anderson English

A: 내 돈 어떻게 된 거야?
What about my money?
B: 내일 갚을게!
I'll pay back tomorrow!

A: 난 설거지 할게 넌 화장실 청소해.
I'll wash the dishes! You clean the bathroom.
B: 그건 불공평하잖아!
That's unfair!

A: 이 table 옮기는 거 도와주실래요?
Will you help me move this table?
B: 저한테 맡기세요. 저 힘세요!
Leave it to me. I'm strong!

A: 너 또 늦었다!
You're late again!
B: 죄송해요. 절대 안 늦을게요 이제부터.
Sorry. I'll never be late from now.

A: 결정해! 올래? 안 올래?
Decide! Will you come or not?
B: 나 그냥 집에 있을게(래).
I'll just stay at home.

Part 1 - 3 do

'do'가 영어에서 어떤 역할을 하나요? 학교를 충실히 다닌 학생들이라면, "의문문을 만들어 주는 주동사로서… 이러쿵저러쿵." 이렇게 대답할 거예요. 학교를 열심히 다녔군요. 참 착한 학생이네요. 그럼, 미국인이 "You love me?"라고 물어보면 어떻게 할 건가요? "뭐래? 넌, 너희 나라말도 못하냐?" 이러면서 핀잔을 줄 건가요? 그럼, 그 미국인은 사랑하는 사람에게 큰 상처를 받겠네요.

> A: Do you love me?   니?(혹은 냐?) 너 사랑해 나 → 너 나 사랑하니?
> =You love me?   너 사랑해 나?
> B: I don't love you! 나 안 사랑해 너! (don't =안) → 나 너 안 사랑해!

위와 같이 'do'는 '~니?', '~냐?'의 뜻이기 때문에 질문할 때 있어도 그만, 없어도 그만이에요. 'don't'는 '원래 ~하지 않는다'는 뜻으로 '안~'이라고 이해하면 돼요.

> "I don't eat 보신탕."   나 보신탕 안 먹어.

즉, 예전에 먹었는데 지금은 안 먹는다는 말이 아니라, 원래부터 평소에 보신탕을 먹지 않는다는 뜻이에요.

그럼, 'did'는 어떨까요? 'did'는 지난 일에 대해 묻는 것이니까, 'ㅆ'을 붙여서 '~ㅆ니?' 또는 '~ㅆ냐?'로 이해해야 입에서 영어가 술술 나온답니다.

> A: Did you go home?   ㅆ니?(혹은 ㅆ냐?) 너 가 집에.
>   → 너 집에 갔니?
> B: I didn't go home. 나 안 ㅆ어 가 집에.
>   → 나 집에 안 갔어.

한 가지 더, 위와 같이 'didn't'가 '안 ~ㅆ다' 또는 '안 ~ㅆ어'라는 것도 알고 가자고요.

● **Summary** 한번 정리해 보면

Do you~?
(Does he, she..)   { ~니(냐)?

I don't~
(he, she.. doesn't)   { 안~

Did you~?   { ~ㅆ니(ㅆ냐)?

I didn't   { 안~ ㅆ어(다)

● Example

Do you eat 족발?
너 족발 먹니?

Does he speak English?
걔 영어하니?

I don't go to church.
나 교회 안 가.

I didn't go to church.
나 교회 안 갔어.

Did you go to church?
너 교회 갔니?

do

Practice 1
빡세지! 그래도 영작해 보자~

A: 너 TV 보니?

B: 나 TV 안 봐 바빠서!

A: 너 운전하니?

B: 아니, 나 차 없어. 근데 운전 할 줄은 알아.

A: 너 이 닦았니? (brush your teeth) 너 냄새나.

B: 난 아침에 이 안 닦아!

A: 너 보신탕 먹니?

B: 아니, 나 보신탕 안 먹어. 근데 삼계탕은 먹어.

A: 나 어제 집에 안 갔어.

B: 그럼, 어디서 잤냐?

Composition 1
요렇게 하는 거라구~!!!

A: 너 TV 보니?
Do you watch TV?

B: 나 TV 안 봐 바빠서!
I **don't** watch TV because I'm busy!

A: 너 운전하니?
Do you drive?

B: 아니, 나 차 없어. 근데 운전 할 줄은 알아.
No, I **don't** have a car but I know how to drive(=I can drive).

A: 너 이 닦았니? 너 냄새나.
Did you brush your teeth? You smell.

B: 난 아침에 이 안 닦아!
I **don't** brush my teeth in the morning.

A: 너 보신탕 먹니?
Do you eat 보신탕?

B: 아니, 나 보신탕 안 먹어. 근데 삼계탕은 먹어.
No, I **don't** eat 보신탕 but I eat 삼계탕.

A: 나 어제 집에 안 갔어.
I **didn't** go home yesterday.

B: 그럼, 어디서 잤냐?
Then, where **did** you sleep?

미쿡인은 절대 못 가르치는 영어
Anderson English

do

Practice 2
빡세지! 그래도 영작해 보자~

A: 너 잘 잤니?

B: 나 3시간 잤어.

A: 언제 너 나한테 전화했니?

B: 나 어젯밤 10시에 전화했어.

A: 언제 너 집에 갔니?

B: 나 12시에 집에 갔어.

A: 왜 너 거기 갔니?

B: 소주 좀 마시려고 (to:~려고).

A: 너 몇 시간 일했냐 어제?

B: 나 10시간 연속 일했어.

Composition 2
요렇게 하는 거라구~!!!

미쿡인은 절대 못 가르치는 영어
Anderson English

A: 너 잘 잤니?
Did you sleep well? (**Did** you have a good night?)
B: 나 3시간 잤어.
I **slept** 3 hours.

A: 언제 너 나한테 전화했니?
When **did** you call me?
B: 나 어젯밤 10시에 전화했어.
I **called** at 10:00 last night.

A: 언제 너 집에 갔니?
When **did** you go home?
B: 나 12시에 집에 갔어.
I **went** home at 12:00.

A: 왜 너 거기 갔니?
Why **did** you go there?
B: 소주 좀 마시려고.
To drink some 소주.

A: 너 몇 시간 일했냐 어제?
How many hours **did** you work yesterday?
B: 나 10시간 연속 일했어.
I **worked** 10 hours straight.

do

Practice 3
빡세지! 그래도 영작해 보자~

A: 너 언제 예약했냐(make a reservation)?

B: 그저께 3시요.(the day before yesterday:그저께, the day after tomorrow:모레)

A: 너 정말로 나를 사랑했니?

B: 왜 물어보냐?

A: 너 뭐 먹었니 걔랑(her)?

B: 우리 wine 한 병이랑 참치 한 캔 먹었어.

A: 너 무슨 영화 봤니 네 친구랑?

B: 나 제목이 기억이 안 나! 내 기억력(my memory) 안 좋아.

A: 너 어떻게 걔랑(her) 헤어졌냐(break up)?

B: 아주 잘!

Composition 3
요렇게 하는 거라구~!!!

미쿡인은 절대 못 가르치는 영어
Anderson English

A: 너 언제 예약했냐?
When **did** you make a reservation?
B: 그저께 3시요.
The day before yesterday at 3:00.

A: 너 정말로 나 사랑했니?
Did you really love me?
B: 왜 물어보냐?
Why **do** you ask?

A: 너 뭐 먹었니 걔랑?
What **did** you eat with her?
B: 우리 wine 한 병이랑 참치 한 캔 먹었어.
We **had** a bottle of wine and a can of tuna.

A: 너 무슨 영화 봤니 네 친구랑?
What movie **did** you see(watch) with your friend?
B: 나 제목이 기억이 안 나! 내 기억력 안 좋아.
I **don't** remember the title! My memory is bad.

A: 너 어떻게 걔랑 헤어졌냐?
How **did** you break up with her?
B: 아주 잘!
Very well!

미쿡인은 절대 못 가르치는 영어
Anderson English

Part 1 - **4** **what, how**

what

지금까지 가르쳐 온 모든 학생들에게 'what'이 뭐냐고 물어보면 한결같이 '무엇' 또는 '의문사'라는 대답뿐이었어요. 하지만 'what'에도 이렇게 다양한 쓰임새가 있다는 것을 알면 아마 깜짝 놀랄 거예요.

① What is your name?   뭐야 네 이름?
② What number is that?   몇 번이야 저거?
③ What color is her T-shirt?   무슨 색(이)야 그녀의 T-shirt?

첫 번째 문장, "What is your name?"은 "네 이름이 무엇이야?"라고 하는 것보다 "네 이름이 뭐야?"라고 하는 것이 자연스럽죠? 여기서 'what'은 '무엇'이 아니라, ① '뭐'라는 뜻으로 쓰였어요.

두 번째 문장, "What number is that?"에서 'what number'를 '어떤 번호' 또는 '무슨 번호'라고 하면 어색하죠? 이 문장에서는 "저거 몇 번이야?"라고 해야 해요. 이처럼 'what'은 ② '몇'이라고 해석해야 할 때도 있어요.

세 번째 문장, "What color is her T-shirt?"에서 'what color'는 '어떤 색'이 아니라, '무슨 색'이라고 해야 매끄러운 해석이 되죠. 따라서 'what'은 ③ '무슨'이라는 의미로도 사용될 수 있으니 상황에 따라 잘 판단해서 해석해야 해요.

how

'how'도 'what'만큼이나 우리에게 익숙한 단어죠? 'how' 역시 문장에 따라 해석이 조금씩 달라져요.

① How do you go home?   어떻게 너 집에 가니?
② How big is your house?   얼마나 크냐 너의 집?
③ How many people are here?   몇 명 있어 여기?

위와 같이 'how'에는 ① '어떻게', ② '얼마나', ③ '몇(how many)'의 의미가 있어요. 그러니 상황에 따라 잘 확인하고 사용할 줄 알아야 영어 실력이 쑥쑥 자라겠죠?

그런데 여기서 잠깐! "몇 번 전화했냐?"라고 물었을 때, 여기서의 '몇'은 어떤 의미로 사용된 걸까요? 이 말만으로는 'what number(번호)'인지, 'how many times(횟수)'인지 알 수 없어요. 따라서 우리말로 '몇'이라는 말을 영어로 옮길 때는 상황과 말하는 사람의 의도를 잘 파악한 후에 알맞은 영어 표현을 골라 사용해야 해요.

● Summary 한번 정리해 보면

What { 뭐
            몇 ~
            무슨

How { 어떻게
           얼마나
           몇(how many)~

● Example

What colors do you like?
무슨 색 좋아하냐?

What is your IQ?
몇 이야 네 IQ?

How many pages did you read?
몇 페이지 읽었냐?

what, how

Practice 1
박세지! 그래도 영작해 보자~

A: 몇 번이야 저 버스? 난 안 보여.

B: 확실치는 않은데 3번인 거 같아!

A: 나 병원에 있어! 교통사고 났어(get a car accident).

B: 정말? 뭐야 방 번호가?

A: 언제였지 네 생일이?

B: 정확히 2달 전이야!

A: 몇 시였지 회의(the meeting)가?

B: 내가 몇 번을 말해야 되냐?

A: 어느 것이 마음에 들어?

B: 난 못 정하겠어(decide).

44 미국인은 절대 못 가르치는 영어

Composition 1
요렇게 하는 거라구~!!!

A: 몇 번이야 저 버스? 난 안 보여.
What number is that bus? I can't(don't) see it.
B: 확실치는 않은데 3번인 거 같아.
I'm not sure but I think it's NO 3.

A: 나 병원에 있어! 교통사고 났어.
I'm in the hospital! I got a car accident.
B: 정말? 뭐야 방 번호가?
Really? **What** is your room number?

A: 언제였지 네 생일이?
When was your birthday?
B: 정확히 2달 전이야.
It's exactly 2 months ago.

A: 몇 시였지 회의가?
What time was the meeting?
B: 내가 몇 번을 말해야 되냐?
How many times do I have to tell you?

A: 어느 것이 마음에 들어?
Which one do you like?
B: 난 못 정하겠어.
I **can't** decide.

what, how

Practice 2
빡세지! 그래도 연작해 보자~

A: 하나 골라! 몇이야 네 사이즈?

B: xx large야! 좀(a kind of=a little) 크지. 어~

A: 저 예약하고 싶은데요(make a reservation)! 몇 테이블이 있죠 여기?

B: 저희는 딱(just) 두 테이블 있어요.

A: 무슨 라면이 맛있어요 여기?

B: 글쎄요. 어떤 맛을 좋아하시는데요?

A: 나 아직도 머리 아파(have a headache)!

B: 너 몇 병 마셨냐?

A: 어떤 게임을 주로 하니?

B: 저는 주로 자동차 경주 게임(car-racing games)을 해요.

Composition 2
요렇게 하는 거라구~!!!

미쿡인은 절대 못 가르치는 영어
Anderson English

A: 하나 골라! 몇이야 네 사이즈?
   Pick one! **What** is your size?
B: xx large야! 좀 크지. 어~
   It's xx large! It's kind of big. Huh~

A: 저 예약하고 싶은데요! 몇 테이블이 있죠 여기?
   I'd like to make a reservation! **How many** tables are here?
B: 저희는 딱 두 테이블 있어요.
   We have **just** 2 tables.

A: 무슨 라면이 맛있어요 여기?
   What 라면 is good here?
B: 글쎄요. 어떤 맛을 좋아하시는데요?
   Well. **What kind of** taste do you like?

A: 나 아직도 머리 아파!
   I still have a headache!
B: 너 몇 병 마셨냐?
   How many bottles did you drink?

A: 어떤 게임을 주로 하니?
   What kind of games do you usually play?
B: 저는 주로 자동차 경주 게임을 해요.
   I usually play car-racing games.

what, how

Practice 3
빡세지! 그래도 영작해 보자~

A: 너 어떤 남자 만났니 오늘?
_____

B: 장동건같이 잘생긴 남자!
_____

A: 나 몇 시간 기다려야 돼(되냐)?
_____

B: 몰라, 한 2시간.
_____

A: 너 누구의 돈을 받았냐?
_____

B: 무슨 말이야? 이거 내 돈이야!
_____

A: 얼마나 열심히 공부했니 어제?
_____

B: 저 잠을 안 잤어요. 그냥 밤 샜어요(stay up all night).
_____

A: 너 한 달에 몇 번 샤워하니(take a shower)?
_____

B: 그때그때 달라요(It depends (on)). 보통 한두 번.
_____

Composition 3
요렇게 하는 거라구~!!!

A: 너 어떤 남자 만났니 오늘?
What kind of man did you meet today?
B: 장동건같이 잘생긴 남자!
(some) A handsome guy **like** 장동건!

A: 나 몇 시간 기다려야 돼(되냐)?
How many hours do I have to wait?
B: 몰라, 한 2시간.
I don't know, about 2 hours.

A: 너 누구의 돈을 받았냐?
Whose money did you take?
B: 무슨 말이야? 이거 내 돈이야!
What do you mean? This is my money!

A: 얼마나 열심히 공부했니 어제?
How hard did you study yesterday?
B: 저 잠을 안 잤어요. 그냥 밤 샜어요.
I didn't sleep. I just stayed up all night.

A: 너 한 달에 몇 번 샤워하니?
How many times a month do you take a shower?
B: 그때그때 달라요. 보통 한두 번.
It depends, usually one or two times.

Part 1 - 5 's, whose

's

'My mother's'에서 ''s'는 어떻게 쓰였죠? '"엄마의'란 뜻으로 ''s'는 '소유격'으로 쓰였죠! 하하" 대단해요. 맞아요. 다시 한 번 충실한 학생이었음을 인정해 드리죠. 근데, 우리에겐 용어가 중요한 게 아니라, 입을 뗄 수 있게 해 주는 영어의 '우리말화(化)'가 중요하다는 것을 다시금 강조하고 싶군요.

'My mother's'에는 3가지 뜻이 있어요.

① My mother's pretty.　(is)　　우리 엄마는 예쁘다.
② This is mother's car.　(~의)　이거 우리 엄마의 차야.
③ This is mother's.　　(꺼)　　이거 우리 엄마 꺼야.

''s'와 마주쳤을 때, 무조건 '소유격'의 의미로만 단정지어서는 안 돼요. ① 'is'의 준말일 수도 있고, ② '~의'처럼 소유격일 수도 있고, ③ '~꺼(~의 것)'란 의미로도 해석될 수 있으니, 문장을 잘 보고, 잘 듣고 판단해야 해요.

whose

'whose'는 가끔 'who's'와 발음이 같아서 헷갈리죠. 'whose' 역시 이 단어만 들어서는 구별할 수 없으니, 문장을 끝까지 잘 듣고 그 의미를 파악해야 해요.

- Whose is this car?　　누구 꺼(누구의 것)야 이 차?
- Whose car is this?　　누구의 차야 이거?

위에 있는 두 문장은 형태는 다르지만 의미는 같아요. 이렇게 'whose' 한 단어로 다양한 문장을 만들어 보는 것도 영어의 말문을 여는데 효과적이겠죠.

반면, 'who's'는 이렇게 쓰여요.

- Who's your mother?　　　　　 누구야 네 엄마?
- Who's (has)been to Japan?　누가 일본에 간 적 있어?

다행히도, 'who's'는 주로 'who is'로 쓰이니 이것을 더 집중적으로 연습하세요.

● Summary 한번 정리해 보면

's { is / ~의 / ~꺼 }

Whose { 누구 꺼 / 누구의 }

● Example

동건's my friend.
동건은 내 친구야.

동건's car is BMW!
동건의 차는 BMW야!

This is my brother's.
이건 우리 형 꺼야.

Whose is that?
누구꺼야 저거?

Whose car is that?
누구의 차야 저거?

's, whose

Practice 1
빡세지! 그래도 영작해 보자~

A: 누구 꺼(누구의 것이)야 저거?

B: 그거 내 친구 꺼야.

A: 우리 아빠 꺼는 검정색이야 흰색이 아니라.

B: 그래서 뭐야 너희 아빠 꺼야? 이거?

A: 내 꺼는 우리 엄마 꺼보다 비싸.

B: 무슨 색이야 네 엄마 꺼?

A: 나 네 꺼 써도 돼?

B: 미안한데, 아무도 내 껀 쓸 수 없어(못 써).

A: 넌 너의 형 꺼 써?

B: 응, 내 꺼 잃어버렸어(lose-lost).

Composition 1

미쿡인은 절대 못 가르치는 영어
Anderson English

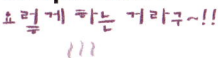

A: 누구 꺼(누구의 것이)야 저거?
Whose is that?
B: 그거 내 친구 꺼야.
That's my friend**'s**.

A: 우리 아빠 꺼는 검정색이야 흰색이 아니라.
My dad**'s** is black not white.
B: 그래서 뭐야 너희 아빠 꺼야? 이거?
So what(which) is your dad**'s**? This one?

A: 내 꺼는 우리 엄마 꺼보다 비싸.
Mine is more expensive than my mom**'s**.
B: 무슨 색이야 네 엄마 꺼?
What color is your mom**'s**?

A: 나 네 꺼 써도 돼?
Can I use **yours**?
B: 미안한데, 아무도 내 껀 쓸 수 없어(못 써).
I'm sorry but nobody can use **mine**.

A: 넌 너의 형 꺼 써?
Do you use your brother**'s**?
B: 응, 내 꺼 잃어버렸어.
Yes, I lost **mine**.

's, whose

Practice 2
빡세지! 그래도 영작해 보자~

A: 미안한데, 내가 네 꺼를 잃어버렸어(lose-lost)!

B: 걱정 마! 그거 내 께(내 것이) 아니야, 네 꺼야!

A: 누구의 전화번호야. 그거?

B: 왜 날 그렇게 쳐다봐? 내 친구 꺼야.

A: 누구의 차가 있었냐 여기?

B: 우리 할아버지 꺼는 여기 있었고, 내 꺼는 저기 있었어.

A: 누구 꺼 있었어 여기?

B: 우리 꺼가 있었어 여기!

A: 너 양복(a suit) 입어야 돼!

B: 아빠 꺼 입어도 돼?

Composition 2
요렇게 하는 거라구~!!!

미국인은 절대 못 가르치는 영어
Anderson English

A: 미안한데, 내가 네 꺼를 잃어버렸어!
   I'm sorry but I lost **yours**.
B: 걱정 마! 그거 내 께(내 것이) 아니야, 네 꺼야!
   Don't worry! That's not **mine**, (but)it's **yours**.

A: 누구의 전화번호야, 그거?
   Whose phone number is that?
B: 왜 날 그렇게 쳐다봐? 내 친구 꺼야.
   Why are you looking at me like that? It's my friend**'s**.

A: 누구의 차가 있었냐 여기?
   Whose car was here?
B: 우리 할아버지 꺼는 여기 있었고, 내 꺼는 저기 있었어.
   My grandfather**'s** was here, and **mine** was there.

A: 누구 꺼 있었어 여기?
   Whose was here?
B: 우리 꺼가 있었어 여기!
   Ours was here!

A: 너 양복 입어야 돼!
   You **have to** wear a suit!
B: 아빠 꺼 입어도 돼?
   Can I wear my daddy**'s**?

's, whose

Practice 3
빡세지! 그래도 영작해 보자~

A: 너 내 꺼 어디에 두었어?

B: 어느 거야 네 꺼가(네 것이)?

A: 그거 네 아빠 꺼지? 너 왜 아빠 꺼를 입니?

B: 난 내 옷(clothes) 없어! 가끔은 형 꺼도 입어.

A: 몇 번이야 내 꺼?

B: 7번은 쟤(he) 꺼고, 네 껀 3번이야.

A: 건드리지 마! 네 껀 네 꺼고, 내 껀 내 꺼지!

B: 어느 거야 내 꺼가?

A: 왜 있냐 네 여자 친구 꺼가 여기에?

B: 그거 걔(she) 꺼 아니야. 걔 꺼는 더 작아.

56 미국인은 절대 못 가르치는 영어

Composition 3
요렇게 하는 거라구~!!!

미쿡인은 절대 못 가르치는 영어
Anderson English

A: 너 내 꺼 어디에 두었어?
   Where did you put **mine**?
B: 어느 거야 네 꺼가(네 것이)?
   Which one is **yours**?

A: 그거 네 아빠 꺼지? 너 왜 아빠 꺼를 입니?
   That's your daddy**'s**? Why are you wearing that?
B: 난 내 옷 없어! 가끔은 형 꺼도 입어.
   I don't have my clothes! Sometimes wear my brother**'s**, too.

A: 몇 번이야 내 꺼?
   What number is **mine**?
B: 7번은 쟤 꺼고, 네 껀 3번이야.
   Number 7 is **his** and **yours** is number 3.

A: 건드리지마! 네 껀 네 꺼고, 내 껀 내 꺼지!
   Don't touch it! **Your** is **yours**, **mine** is **mine**.
B: 어느 거야 내 꺼가?
   Which one is **mine**?

A: 왜 있냐 네 여자 친구 꺼가 여기에?
   Why is your girlfriend**'s** here?
B: 그거 걔 꺼 아니야. 걔 꺼는 더 작아.
   This is not **hers**. **Hers** is smaller.

Part 1 - 6 have to

have to

영어 공부 좀 했다는 친구들은 'have to'하면 떠오르는 단어들이 있을 거예요. 그래요. 바로 'must'와 'should'죠. 그런데 이 닮은 꼴 삼형제의 차이점은 뒤(part 3)에서 제대로 다루어 보기로 하고, 여기에서는 'have to', 'don't have to'를 우선 알아보기로 해요!

'have to ~'를 '의무', '~해야만 한다'라고만 알고 가는 것은 '영어의 정도'로 가는 것이 아니라, '영어를 못하는 지름길'로 가는 것이에요. 그러니 참 답답할 따름이죠.

> A: Let's drink one more bottle!   우리 한 병 더 마시자!
> B: I have to go!   나 가야 돼!

분위기 좋을 때, 친구가 이렇게 말한다면 참 얄밉긴 하겠지만 우리의 공부를 위해서는 좋은 대답이죠. 위에서 본 바와 같이 'have to'는 '~야 돼'라고 해야 해요.

그럼, 'had to'는 뭘까요? 오늘도 역시 남친과의 데이트에 20분이나 늦고 말았네요. 남친이 묻겠죠? "Why are you late?(너 왜 늦었어?)" 그럼, 필살의 미소를 머금으며 "Sorry, I had to change."라고 말하면 OK! "미안, 너한테 예뻐 보이려고 옷 갈아입어야 됐거든." 그럼, 남친이 무조건 용서해 주겠죠? 이젠 'had to'가 뭔지 눈치챘나요? 그렇죠. '~야 됐거든'이에요.

한발 더 나아가서, 이젠 'don't have to'와 'didn't have to'를 알아볼 거예요. 벌써 머리가 아프다는 친구들도 있네요. 걱정 마세요. 하나도 어렵지 않아요.

> - I don't have to go.   나 가야 되지 않아. (X) → 나 안 가도 돼. (O)
>
> A: Happy birthday!   생일 축하해!
> B: You didn't have to come.   넌 안 와도 됐는데 (뭐 하러 왔어).

위와 같이 'don't have to'는 '안 ~도 돼'이고요, 'didn't have to'는 '안 ~도 됐는데 (뭐 하러 ~어)'가 되는 거예요. 아직도 어렵나요? 그럼, 연습만이 살 길! 부지런히 영작해 보자고요.

Summary 한번 정리해 보면

have to~ (has) { ~야 돼?

had to~ { ~야 됐거든

don't have to (doesn't) { 안~도 돼

didn't have to { 안~도 됐는데

Example

You have to come early.
너 일찍 와야 돼.

Why do I have to study?
내가 왜 공부를 해야 되냐?

I don't have to learn English.
나 영어 안 배워도 돼.

She doesn't have to pay!
걔는 돈 안 내도 돼!

You didn't have to come.
너 안 와도 됐는데.

have to

Practice 1
빡세지! 그래도 영작해 보자~

A: 너 집에 가야 돼(되니) 지금?

B: 아니, 안 가도 돼 오늘.

A: 나 여기서 기다려야 돼?

B: 네, 딱(just) 5분 걸려요.

A: 너 언제 일어나(get up = wake up)야 돼?

B: 나 7시 전에 일어나야 돼.

A: 내가 왜 너랑 결혼해야 되냐?

B: 내가 널 사랑하니까.

A: 내가 몇 번을 말해야 되냐? 좀 잘 들어.

B: 죄송해요, 제가 잘 잊어버려요.　(I'm forgetful, I'm absent-minded : 잘 잊는다, 건망증이 있다)

Composition 1
요렇게 하는 거라구~!!!

미국인은 절대 못 가르치는 영어
Anderson English

A: 너 집에 가야 돼(되니) 지금?
Do you **have to** go home now?

B: 아니, 안 가도 돼 오늘.
No, I **don't have to** go today.

A: 나 여기서 기다려야 돼?
Do I **have to** wait here?

B: 네, 딱(just) 5분 걸려요.
Yes, it takes **just** 5 minutes.

A: 너 언제 일어나야 돼?
When do you **have to** get up?

B: 나 7시 전에 일어나야 돼.
I **have to** get up before 7.

A: 내가 왜 너랑 결혼해야 되냐?
Why do I **have to** marry you?

B: 내가 널 사랑하니까.
Because I love you.

A: 내가 몇 번을 말해야 되냐? 좀 잘 들어.
How many times do I **have to** tell you? **Just** listen.

B: 죄송해요, 제가 잘 잊어버려요.
I'm sorry, I'm forgetful.

have to

Practice 2
박세지! 그래도 영작해 보자~

A: 돈은 얼마나 보내야 되나요?

B: 많을수록 좋아(The ~er, the ~er).

A: 오늘 내 생일이야. 너 선물 가지고 와야 돼 아님 돈.

B: 가고는 싶지만, 나 여자 친구 만나야 돼.

A: 너 거기 왜 가야 돼?

B: 내가 너한테 이유를 말해야 돼(되나)?

A: 생일 축하해.

B: 넌 안 와도 됐는데. 어쨌든 고맙다.

A: 너 왜 늦었어?

B: 죄송해요. 제가 누굴 만나야 됐거든요.

Composition 2
요렇게 하는 거라구~!!!

A: 돈은 얼마나 보내야 되나요?
How much money do I **have to** send?
B: 많을수록 좋아.
The more the better.

A: 오늘 내 생일이야. 너 선물 가지고 와야 돼 아님 돈.
It's my birthday today. You **have to** bring a present or money.
B: 가고는 싶지만, 나 여자 친구 만나야 돼.
I'd like to go but I **have to** meet my girlfriend.

A: 너 거기 왜 가야 돼?
Why do you **have to** go there?
B: 내가 너한테 이유를 말해야 돼(되나)?
Do I **have to** tell you the reasons?

A: 생일 축하해.
Happy birthday.
B: 너 안 와도 됐는데. 어쨌든 고맙다.
You **didn't have to** come. Thanks, anyway.

A: 너 왜 늦었어?
Why are you late?
B: 죄송해요. 제가 누굴 만나야 됐거든요.
I'm sorry. I **had to** meet someone.

have to

Practice 3
빡세지! 그래도 영작해 보자~

A: 너 이거 안 사도 됐는데 나 2개나 있어.

B: 아~ 나한테 왜 말 안 했냐?

A: 우리 택시 안 타도(take a taxi) 됐는데.

B: 맞아, 돈 낭비야(waste of money).

A: 저 여기에 사인해야 되나요?

B: 아니요. 여기에 사인해야 돼요.

A: 우리 예약해야 되나요?

B: 네. 지금 예약하시겠어요(would you like to~)?

A: 우리 뭐 사야 되냐?

B: 우리 아무것도 안 사도 돼!

Composition 3
요렇게 하는 거라구~!!!

미쿡인은 절대 못 가르치는 영어
Anderson English

A: 너 이거 안 사도 됐는데 나 2개나 있어.
You **didn't have to** buy this. I have two.
B: 아~ 나한테 왜 말 안 했냐?
Gee~ Why didn't you tell me?

A: 우리 택시 안 타도 됐는데.
We **didn't have to** take a taxi.
B: 맞아, 돈 낭비야.
Right, it's a waste of money.

A: 저 여기에 사인해야 되나요?
Do I **have to** sign here?
B: 아니요. 여기에 사인해야 돼요.
No. You **have to** sign here.

A: 우리 예약해야 되나요?
Do we **have to** make a reservation?
B: 네. 지금 예약하시겠어요?
Yes. Would you like to make a reservation now?

A: 우리 뭐 사야 되냐?
What do we **have to** buy?
B: 우리 아무것도 안 사도 돼!
We **don't have to** buy anything!

미국인은 절대 못 가르치는 영어
Anderson English

Part 1 - **7 I was going to**

I was going to

'I was going to'를 이해하려면 'I am going to'를 먼저 확실히 이해해야 해요! 'I'm going to~'는 '~ㄹ 거야'라는 뜻이에요. 그러니까 'I was going to~'는 '~ㄹ 거였어'라고 해야겠죠.

밤 11시 클럽에서 신나게 놀고 있는데, 전화가 왔어요. "It's mom." 공포 영화의 한 장면을 보는 것처럼 순간, 오금이 절이면서 식은땀이 흐르죠. 이때 뭐라고 해야 하죠? 그렇죠. "I was going to call you."라고 해야죠. 그럼, 이 문장은 무슨 뜻일까요? "내가 엄마한테 전화할 것이 었어." 이렇게 하면 뭔가 부자연스럽고, 이해가 잘 안 되는데요. 맞아요. "엄마, 안 그래도 내가 전화를 하려고 했는데……. (단지 생각만 했음.)"라고 해야 자연스럽지요.

> A: I already paid!   내가 벌써 (돈)냈어!
> B: Really? We were going to pay.   정말? 우리가 내려고 했는데…….(안 냈음)

다시 말해, 'I was going to'는 '하려고 했는데, 결국 하지 않았다'는 뜻이에요. 근데, 친구가 의도적으로 돈을 늦게 낸 것이라면 좀 약이 오르겠죠?

그럼, 'I wasn't going to'는 어떤 뜻일까요?

> A: Thank you for marrying me!
>   나랑 결혼해줘서 고마워!
> B: Actually I wasn't going to marry you.
>   사실은 내가 너랑 결혼 안 할 거였는데.
>   사실은 내가 너랑 결혼 안 하려고 했는데.(결혼했음)

'I was going to'와는 반대로, '안 ~려고 했는데' 또는, '안 ~ㄹ 거였는데'라고 해석해야 해요. 즉, '하지 않으려고 했는데, 결국 했다'는 의미죠. 위의 예시문에서 남자가 쑥스러워서 B처럼 대답했다면 용서해 주겠지만, 진심이라면 좀 혼을 내야겠죠?

하나 더, 'be going to'하면 생각나는 단어가 있죠? 그래요. 바로 'will'이에요. 'be going to'과 'will'의 차이점은 Part 3에서 다루기로 해요.

● Summary 한번 정리해 보면

I was going to
(we were going to)   { ~려고 했는데

I wasn't going to
(we weren't going to)   { 안 ~려고 했는데

Were you going to~?   { 너 ~려 했어?

Weren't you going to~?   { 너 안 ~려고 했어?

- going to : gonna 로 쓸 수 있음(회화에서만)

● Example

I was going to bring my boyfriend!
내가 남자친구 데리고 오려고 했는데!

I wasn't going to ask you.
내가 너한테 안 물어보려고 했는데.

Were you going to buy this one?
너 이거 사려고 했어?

I was going to

Practice 1
빡세지! 그래도 영작해 보자~

A: 너 어제 교회 갔니?

B: 가려고 했는데 그냥 집에 있었어.

A: 너 주차 딱지 뗐다며(get a parking ticket)!

B: 응, 나 차 안 가져오려고 했는데.

A: 여기 있다 네 커피.

B: 나 커피 안 마시려고 했는데.

A: 내가 벌써 돈 냈다.

B: 정말? 내가 지갑 꺼내려고(take out) 했었어!

A: 내가 이런 말 안 하려고 했는데 너 너무 이기적(selfish)이야.

B: 그런 말 해줘서 고마워. 내가 명심할게.

Composition 1
요렇게 하는 거라구~!!!

미쿡인은 절대 못 가르치는 영어
Anderson English

A: 너 어제 교회 갔니?
   Did you go to the church?
B: 가려고 했는데 그냥 집에 있었어.
   I **was going to** go but I just stayed at home.

A: 너 주차 딱지 땠다며!
   I heard you got a parking ticket.
B: 응, 나 차 안 가져오려고 했는데.
   Yes, I **wasn't going to** bring my car.

A: 여기 있다 네 커피.
   Here is your coffee.
B: 나 커피 안 마시려고 했는데.
   I **wasn't going to** drink coffee.

A: 내가 벌써 돈 냈다.
   I already paid.
B: 정말? 내가 지갑 꺼내려고 했었어!
   Really? I **was going to** take out my wallet!

A: 내가 이런 말 안 하려고 했는데 너 너무 이기적이야.
   I **wasn't going to** say this, but you're too selfish.
B: 그런 말 해줘서 고마워. 내가 명심할께
   Thanks for saying that. I'll keep that in mind.

I was going to

Practice 2
빡세지! 그래도 영작해 보자~

A: 우리 내일 영화 보러 가는 게 어때(how about~)?

B: 글쎄, 나 집에서 자려고 했는데.

A: 어제 소주 안 마시려고 했는데 어제는 내 생일이었거든.

B: 약속(the promise)을 지켜야지!

A: 여보! 사실 나 당신이랑 결혼 안 하려고 했었어!

B: 나도야! 나는 장동건이랑 결혼하려고 했었어!

A: 너 나한테 거짓말 했지, 그치?

B: 미안하다. 사실대로 말하(tell the truth)려고 했는데.

A: 너 나 거기 데려가려고 했었어?

B: 응, 맞아.

Composition 2
요렇게 하는 거라구~!!!

미쿡인은 절대 못 가르치는 영어
Anderson English

A: 우리 내일 영화 보러 가는 게 어때?
   How about we go to the movie tomorrow?
B: 글쎄, 나 집에서 자려고 했는데.
   Well, I **was going to** sleep at home.

A: 어제 소주 안 마시려고 했는데. 어제는 내 생일이었거든.
   I **wasn't going to** drink 소주 yesterday. But it was my birthday.
B: 약속을 지켜야지!
   You **should** keep the promise!

A: 여보! 사실 나 당신이랑 결혼 안 하려고 했었어!
   Honey! Actually I **wasn't going to** marry you.
B: 나도야! 나는 장동건이랑 결혼하려고 했었어!
   Me neither! I **was going to** marry 장동건.

A: 너 나한테 거짓말 했지. 그치?
   You lied to me, right?
B: 미안하다. 사실대로 말하려고 했는데.
   I'm sorry. I **was going to** tell you the truth.

A: 너 나 거기 데려가려고 했었어?
   Were you **going to** take me there?
B: 응, 맞아.
   Yes, right.

Tip - "나도야"

I eat 보신탕, me too!   (나도!)
I don't eat 보신탕, me neither! (나도 아니야!)

I was going to

Practice 3
빡세지! 그래도 영작해 보자~

A: 이게 내 전화번호야.

B: 내가 물어보려고 했는데.

A: 저를 가르쳐 줘서 고마워요(thanks for~)!

B: 난 너 안 가르치려고 했었어.

A: 왜 나한테 파티 얘기 안 했냐?

B: 우리가 너 초대하려고(invite) 했었어. 미안해!

A: 이 사진 너무 웃긴다(funny).

B: 나는 사진 안 찍으(take a picture)려고 했는데.

A: 너 아직도 거기서 일하냐?

B: 응, 나 그만 두려고(quit) 했는데 너 알잖아 나 돈 없는 거.

Composition 3
요렇게 하는 거라구~!!!

미쿡인은 절대 못 가르치는 영어
Anderson English

A: 이게 내 전화번호야.
   This is my phone number.
B: 내가 물어보려고 했는데.
   I **was going to** ask you.

A: 저를 가르쳐 줘서 고마워요!
   Thanks for teaching me!
B: 난 너 안 가르치려고 했었어.
   I **wasn't going to** teach you.

A: 왜 나한테 파티 얘기 안 했냐?
   Why didn't you tell me about the party?
B: 우리가 너 초대하려고 했었어. 미안해!
   We **were going to** invite you. Sorry!

A: 이 사진 너무 웃긴다.
   This picture is so funny.
B: 나는 사진 안 찍으려고 했는데.
   I **wasn't going to** take a picture

A: 너 아직도 거기서 일하냐?
   Do you still work there?
B: 응, 나 그만 두려고 했는데 너 알잖아 나 돈 없는 거.
   Yes, I **was going to** quit but you know I don't have money.

미쿡인은 절대 못 가르치는 영어
Anderson English

Part 1 - **8** # can

can

'can'은 뜻이 뭐죠? 할 수 있다! 다른 뜻은 없나요?

① I can smoke.
② I can smoke at home.
③ Can you help me?

위의 세 문장에서 'can'의 뜻은 다 달라요. 그런데 여러분은 지금까지 'can'은 능력, 허락, 가능 등등'으로만 배워왔죠? 이렇게 해서는 절대 말문이 트이질 않아요.

첫 번째 문장부터 볼까요. "I can smoke." 이 문장은 "나 담배 피울 줄 알아."라는 말이죠. 여기서 'can'은 ① '~줄 알아'라는 뜻이에요.

그렇다면 두 번째 문장, "I can smoke at home."은 "나 집에서 담배 피울 줄 알아."라는 뜻일까요? 뭔가 어색하죠? 이 문장에서는 "난 집에서 담배 피워도 돼."라는 말이에요. 따라서 'can'은 ② '~도 돼'라는 뜻이죠.

세 번째 문장, "Can you help me?" 이 문장은 무슨 말일까요? "너는 날 도와줄 줄 알아?"라는 뜻일까요? 아니면, "너는 날 도와줘도 돼?"라는 뜻일까요? 어째 둘 다 이상하죠. 이런 경우에는 "너 날 도와줄 수 있어?"라고 해석해야 해요. 즉, 그렇게 해줄 수 있는 상황이나 여건이 되냐는 뜻으로 'can'은 ③ '~ㄹ수 있어'라는 의미로 사용될 수도 있어요.

그러면 'can't'는 어느 때 사용할까요?

① I can't swim.   ② You can't smoke.   ③ I can't go to your party.

"I can't swim." 이 문장의 뜻은 쉽게 알겠죠? "나 수영할 줄 몰라."라는 뜻으로 'can't'는 ① '~ㄹ줄 몰라'라는 의미예요.

두 번째 문장처럼 의사선생님이 "You can't smoke!"라고 말했을 때, 이 말을 "너 담배 못 피워!"라고 해석해서 "저 담배 잘 피워요."라고 대답한다면 의사 선생님이 표정은 어떨까요? 그러니까 여기서는 "너 담배 피우면 안 돼!" ② '~면 안 돼'라는 뜻이에요.

기말고사가 코앞인데, 친구가 생일이라고 초대를 하네요. 근데, 이번 시험도 망치면 재수강을 해야 할 지경이라 거절을 해야 해요. 이럴 때는 눈물을 머금고, "I can't go to your party.(나 너의 파티에 못 가(갈 수 없어).)"라고 해야겠죠. 따라서 'can't'는 상황이나 여건이 되지 않아서 ③ '~수 없어.' '못~ 해.'라는 뜻으로도 쓰여요.

● **Summary** 한번 정리해 보면

can ⎰ ~ㄹ줄 알어
　　⎱ ~도 돼
　　 ~ㄹ수 있어(상황이 가능)

can't ⎰ ~ㄹ줄 몰라
　　　⎱ ~면 안 돼
　　　 ~수 없어/못~해(상황이 불가능)

● Example

You can call me 오빠!
날 오빠라 불러도 돼!

I can go home by myself
나 혼자 갈 수 있어(가도 돼)

I can't go together
못가 (갈 상황이 아님)

Can

Practice 1
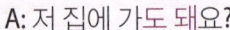

A: 저 집에 가도 돼요?

B: 아니, 너 집에 가면 안 돼!

A: 내가 5분 있다가 (in 5min) 전화해도 돼?

B: 그럼! 그래도 돼!

A: 내 새 코트 어때?

B: 나 네 코트 입어도 돼? 난 그게 맘에 들어.

A: 너 뭐든지 할 수 있어 노력을 하면.

B: 나도 알아 그런데 노력하고 싶지 않아.

A: 날 잡아봐 할 수 있으면.

B: 나는 네가 어디 있는지 알아.

Composition 1
요렇게 하는 거라구~!!!

미국인은 절대 못 가르치는 영어
Anderson English

A: 저 집에 가도 돼요?
Can I go home?
B: 아니, 너 집에 가면 안 돼!
No, you **can't** go home!

A: 내가 5분 있다가 전화해도 돼?
Can I call you in 5 minutes?
B: 그럼! 그래도 돼!
Sure! You **can** do that!

A: 이거 입어! 추울 수도 있어 오늘!
How's my new coat?
B: 나 네 코트 입어도 돼? 난 그게 맘에 들어.
Can I put your coat on? I like it.

A: 너 뭐든지 할 수 있어 노력을 하면.
You can do everything if you try.
B: 나도 알아 그런데 노력하고 싶지 않아.
I know but I don't want to (try).

A: 날 잡아봐 할 수 있으면.
Catch me if you **can**.
B: 나는 네가 어디 있는지 알아.
I know where you are.

can

Practice 2

A: 너 자꾸 이렇게 일하면 널 해고 할거야! (keep ~ ing : 계속 ~하다)

B: 그러시면 안 돼요! 저 열심히 노력할게요.

A: 이거 먹어도 돼요?

B: 네, 돼요.

A: 내가 태워줄게 (give you a ride)!

B: 고맙지만 됐어. 나 걸어도 돼! 나 걷는 거 좋아해.

A: 좀 조용히 하면 안 돼?(=조용히 못 해?)

B: 저 아무 말도 안 했어요.

A: 안 닥쳐(shut up)?

B: 나 안 닥칠 거야. 계속 얘기할 거야(keep talking).

Composition 2
이렇게 하는 거라구~!!!

미국인은 절대 못 가르치는 영어
Anderson English

A: 너 자꾸 이렇게 일하면 널 해고 할거야!
If you keep working like this, I'**m going to** fire you!
B: 그러시면 안 돼요! 저 열심히 노력할게요.
You **can't** do that! I'll try hard.

A: 이거 먹어도 돼요?
Can I eat(have) this?
B: 네, 돼요.
Yes, you **can**.

A: 내가 태워줄게!
I'**ll** give you a ride.
B: 고맙지만 됐어. 나 걸어도 돼! 나 걷는 거 좋아해.
Thanks but no thanks. I **can** walk! I like to walk(=walking).

A: 좀 조용히 하면 안 돼?(=조용히 못 해?)
Can't you be quiet?
B: 저 아무 말도 안 했어요.
I said nothing.(=I didn't say anything.)

A: 안 닥쳐?
Can't you shut up?
B: 나 안 닥칠 거야. 계속 얘기할 거야.
I'm **not going to** shut up. I'**m going to** keep talking.

can

Practice 3
빡세지! 그래도 영작해 보자~

A: 내 숙제 좀 도와줄 수 있어?

B: 미안, 내가 좀 바쁘다.

A: 저 질문 있을 때 전화해도 돼요?

B: 네, 아무 때나 전화해도 돼요!

A: 너 수영할 줄 모르지. 그치?

B: 아니 못 해! 근데 수영장(swimming pool) 물을 마실 줄은 알아.

A: 엄마! 나 엄마랑 같이 자도 돼?

B: 왜 너 혼자 못 자니?

A: 넌 나를 아저씨라고 부르면 안 돼!

B: 그럼, 오빠라고 불러도 돼?

Composition 3
요렇게 하는 거라구~!!!

미쿡인은 절대 못 가르치는 영어
Anderson English

A: 내 숙제 좀 도와줄 수 있어?
Can you help me with my homework?
B: 미안, 내가 좀 바쁘다.
Sorry. I'm kind of busy.

A: 저 질문 있을 때 전화해도 돼요?
Can I call you when I have a question?
B: 네, 아무 때나 전화해도 돼요!
Yes, you **can** call me anytime.

A: 너 수영할 줄 모르지. 그치?
You **can't** swim, right?
B: 아니 못 해! 근데 수영장 물을 마실 줄은 알아.
No I can't. But I **can** drink the water in a swimming pool.

A: 엄마! 나 엄마랑 같이 자도 돼?
Mom! **Can** I sleep with you?
B: 왜 너 혼자 못 자니?
Why **can't** you sleep by yourself(=alone).

A: 넌 나를 아저씨라고 부르면 안 돼!
You **can't** call me 아저씨!
B: 그럼, 오빠라고 불러도 돼?
Then, **can** I call you 오빠?

Part 1 - ⑨ some, a lot

some

'some'에는 두 가지 뜻이 있어요.

그 중 하나는 '좀'이라는 뜻이에요. "Give me some water."라는 문장의 뜻을 모르는 친구는 없겠죠? 그래요. "물 좀 주세요."라는 뜻이죠. 이 문장에서의 'some'이 바로 '좀'이란 뜻으로 쓰였어요.

그러면 여기서 잠깐! "Give me some money." 맞을까요? 아니면 "Give me money some." 이 맞을까요? 우리말로 생각하면 "돈 좀 주세요."와, "좀, 돈 주세요."가 되는데요. 둘 다 맞기는 하지만 우리는 "돈 좀 주세요."라는 말을 더 많이 사용하죠. 하지만 영어는 달라요. "좀, 돈 주세요." 즉, "Give me money some."을 더 자연스러운 표현이라고 생각해서 더 많이 쓰죠.

그럼, 'some'의 또 다른 뜻은 뭘까요?

소개팅 자리에 나갔는데, 상대가 영 마음에 들지 않았어요. 근데 친구가 오늘 뭐 했냐고 꼬치꼬치 물어보는 거예요. 그래서 짜증나는 마음을 달래며 이렇게 대답했죠. "Today I met some boy." 이 문장은 무슨 뜻이죠? 맞아요. "오늘 나 어떤 남자를 만났어."라는 말이죠. 이 문장에서는 'some'을 '좀'이라고 해석하면 이상하죠? 그래서 여기서는 '어떤'이란 뜻으로 해석해야 해요.

a lot

'좀'의 의미를 나타낼 때는 'some'을 쓰면 되는데, '많이'의 의미를 나타낼 때는 뭘 써야 할까요? 학교 다닐 때, 이런 거 배웠을 거예요. '셀 수 있는 명사일 때'는 'many'를, '셀 수 없는 명사'일 때는 'much'를 쓴다고. 근데, 이런 복잡한 공식은 잊어버리세요. 미국인과 대화할 때, 그들이 그냥 알아듣게만 말하면 되거든요. 그러니깐 우리는 '좀'의 의미일 때는 'a few'나 'a little' 대신, 'some'을 사용하고, '많이'의 의미일 때는 'a lot'을 사용하면 돼요. 참 쉽죠?

- I eat a lot. 나 많이 먹어.
- A lot of people love me. 많은 사람들이 날 좋아해.

하나 더, 'a lot of ~'는 '많은 ~'이라는 뜻이니 기억하세요.

여기서 잠깐! 'a lot'은 문장의 중간이나 끝에 아무데나 써도 무방해요. "I'm not tired a lot.(저 안 피곤해요 많이.)"이라고 해도 되고, "I'm not a lot tired.(저 많이 안 피곤해요.)"라고 해도 괜찮아요.

• Summary   한번 정리해 보면

Some { 좀 / 어떤

a lot { 많이

a lot of ~ { 많은~

● Example

Give me some!
나 좀 줘!

Some guy called me.
어떤 남자가 전화했어.

Did you sleep a lot?
너 많이 잤냐?

I don't drink a lot.
나 많이 안 마셔.

A lot of girls like me.
많은 여자들이 날 좋아해.

some, a lot

Practice 1
빡세지! 그래도 영작해 보자~

A: 너 피곤하니?

B: 많이 피곤하지는 않아.

A: 나 여행 많이 안 해. 돈이 없어서.

B: 난 그냥 돈 없이 여행해! 그것도 재미있어.

A: 저 물 좀 마셔도 돼요?

B: 네, 많이 마셔도 돼요.

A: 좀 먹어! 왜? 안 땡겨(안 내켜)?

B: 아니요! 배가 많이 안 고파요.

A: 너 오늘 시간 좀 있니? 7시 이후에.

B: 내가 스케줄 확인해 볼게!

Composition 1
요렇게 하는 거라구~!!!

미쿡인은 절대 못 가르치는 영어
Anderson English

A: 너 피곤하니?
　Are you tired?
B: 많이 피곤하지는 않아.
　I'm not tired **a lot**.

A: 나 여행 많이 안 해. 돈이 없어서.
　I don't travel **a lot**. I don't have money.
B: 난 그냥 돈 없이 여행해! 그것도 재미있어.
　I just travel without any money! That's fun too.

A: 저 물 좀 마셔도 돼요?
　Can I drink **some** water?
B: 네, 많이 마셔도 돼요.
　Yes, you can drink **a lot**.

A: 좀 먹어! 왜? 안 땡겨(안 내켜)?
　Have **some**! Why? You don't feel like it?
B: 아니요! 배가 많이 안 고파요.
　No! I'm not hungry **a lot**.

A: 너 오늘 시간 좀 있니? 7시 이후에.
　Do you have **some** time? After 7:00.
B: 내가 스케줄 확인해 볼게!
　I'll check my schedule!

some, a lot

Practice 2
박세지! 그래도 영작해 보자~

A: 너 어제 왜 전화 안 했어? 내가 네 걱정 많이 했어.

B: 맥주 좀 마셨어 어제.

A: 나 TV 많이 안 봐. 집에 늦게 가서!

B: 그럼 영화는 많이 봐?

A: 많은 사람들이 날 좋아해!

B: 정말 그런 거 같아? 넌 많이 미쳤어!

A: 어떤 미친 남자가 어제 여기 왔었어 울면서.

B: 그 남자 내 남편인 거 같아.

A: 너 소주 많이 마실 수 있어?

B: 나 맥주는 많이 마실 수 있는데, 소주는 많이 못 마셔.

Composition 2
요렇게 하는 거라구~!!!

미쿡인은 절대 못 가르치는 영어
Anderson English

A: 너 어제 왜 전화 안 했어? 내가 네 걱정 많이 했어.
   Why didn't you call me yesterday? I worried **a lot** about you.
B: 맥주 좀 마셨어 어제.
   I drank **some** beer yesterday.

A: 나 TV 많이 안 봐. 집에 늦게 가서!
   I don't watch TV **a lot**. I get home late!
B: 그럼 영화는 많이 봐?
   And do you watch movies **a lot**(**a lot of movies**)?

A: 많은 사람들이 날 좋아해!
   A lot of people like me!
B: 정말 그런 거 같아? 넌 많이 미쳤어!
   Do you really think so? You're crazy **a lot**!

A: 어떤 미친 남자가 어제 여기 왔었어 울면서.
   Some crazy guy came here crying yesterday.
B: 그 남자 내 남편인 거 같아.
   I think the man is my husband.

A: 너 소주 많이 마실 수 있어?
   Can you drink 소주 **a lot**?
B: 나 맥주는 많이 마실 수 있는데, 소주는 많이 못 마셔.
   I can drink beer **a lot** but I can't drint 소주 **a lot**(**a lot of** 소주).

some, a lot

Practice 3
빡세지! 그래도 영작해 보자~

A: 저는 **많은** 여자 친구들이 있어요. 근데 전화번호를 몰라요.

B: 넌 **좀** 약이 필요해.

A: **좀** 더 먹지 그래? (why don't you~ : ~하지 그래?)

B: 괜찮아요. **많이** 먹었어요!

A: 나 **좀** 줘!

B: 얼마나? **많이**?

A: 이거 **많이** 헷갈려 (confusing).

B: 그렇다고 할 수 있지.

A: 전 밤에 **많이** 안 먹어요 **diet** 하려고 (for a diet).

B: 근데, 넌 낮에 세 번 먹잖아 대신.

Composition 3
요렇게 하는 거라구~!!!

미쿡인은 절대 못 가르치는 영어
Anderson English

A: 저는 많은 여자 친구들이 있어요. 근데 전화번호를 몰라요.
I have **a lot of** girlfriends but I don't know their numbers.
B: 넌 좀 약이 필요해.
You need **some** medicine.

A: 좀 더 먹지 그래?
Why don't you eat **some** more?
B: 괜찮아요. 많이 먹었어요!
That's okay. I ate **a lot!**

A: 나 좀 줘!
Give me **some!**
B: 얼마나? 많이?
How much? **A lot?**

A: 이거 많이 헷갈려.
This is **a lot** confusing.
B: 그렇다고 할 수 있지.
You can say that.

A: 전 밤에 많이 안 먹어요 diet 하려고.
I don't eat **a lot** at night for a diet.
B: 근데, 넌 낮에 세 번 먹잖아 대신.
But, you eat three times during the day instead.

미쿡인은 절대 못 가르치는 영어
Anderson English

Part 2
그게 아니지!

우리가 잘못 알고 있던 표현들의 뜻을 분명히 알고, 제대로 연습해봐요.

미쿡인은 절대 못 가르치는 영어
Anderson English

Part 2 - **① think 는 '생각하다'가 아니지**

think

'I think'는 무슨 뜻일까요? "나는 생각해!" 참~ 쉽죠잉! 그런데 이렇게 말하는 것보다 '~ 같아'라고 '생각하는' 편이 말문을 여는데 훨씬 효과적이에요.

동네 약수터에서 머리에 꽃을 달고 돌아다니는 그녀를 보고, 친구가 "I think she is crazy."라고 말했어요. 여러분은 친구와 대화할 때, "나는 그녀가 미친 것이라고 생각해."라고 말하나요? 아니죠. 대부분은 그냥, "쟤 미친 거 같아."라고 말하죠. 이처럼 영어 회화를 할 때에도 우리말로 대화하듯 이해해야 영어를 쉽게 받아들일 수 있는 거예요.

그럼, 한 문장 더 볼까요? "I think I can go."라는 말은 뭘까요? "나 갈 수 있다고 생각해요."라는 뜻일까요? 틀렸다고 할 수는 없지만 뭔가 복잡해서 이해가 잘 안 되죠? 이럴 때는 "나 갈 수 있을 것 같아."라고 해석해야 해요.

그러면 "I think so."는 무슨 뜻이죠? 그렇죠. "그런 것 같아."라는 말이죠.

| A: I gave you my phone number, right? | 내가 전화번호 줬지, 그치? |
| B: I don't think so. | 아닌 것 같은데. |

어때요? 이젠 좀 알겠죠?

그럼, 한발 더 나아가서 'Do you think ~ ?'는 뭘까요? 'I think'처럼 '너 ~ 같아?'라고 이해하면 돼요. 그런데 이 말은 상황과 억양에 따라 완전히 다른 말이 되니까 주의해야 해요. 친구가 "Do you think you are pretty?"라고 물을 때 표정이 좋지 않다면, "네가 예쁜 거 같아?" 아니면 "네가 예쁜 줄 알아?"처럼 비꼬는 말일 수도 있거든요. 그런데 "Do you think she has a boyfriend?"라고 물을 때는 "걔 남자 친구 있는 것 같아?"라는 뜻으로 단순하게 의견을 묻는 질문일 수도 있으니 주의하세요.

보통 "오늘 안 추운 거 같아."라는 말을 많이 쓰죠? 이 문장을 그대로 영어로 옮기면 "I think it's not cold today."라고 생각하기 쉬워요. 그러나 영어로는 "I don't think it's cold today.(오늘 추운 거 같지 않아.)"라고 하는 게 더 자연스러워요.

● Summary 한번 정리해 보면

I think ~   { (나는) ~ 같아

Do you think ~?   { (너는) ~ 같아?
(너는) ~ 줄 알아?

I don't think ~   { 안 ~ 같아

Don't you think ~?   { ~ 같지 않니?

● Example

I think she is younger than me.
걔가 나보다 어린 거 같아.

Do you think you're pretty?
넌 네가 예쁜 거 같아(예쁜 줄 알아)?

I don't think I can go.
나 못 갈 거 같아.

think 는 '생각하다'가 아니지

Practice 1
박세지! 그래도 영작해 보자~

A: 엄마! 나 돈 좀 줘!

B: 넌 내가 네 엄마인 거 같니?

A: 걔(he) 어떻게 생겼냐?

B: 걔 장동건 닮은 거(look like~) 같아!

A: 2시 괜찮은 거 같아?

B: 아니, 난 3시가 더 나은 거 같아!

A: 넌 김태희가 예쁜 거 같아?

B: 아니, 난 내가 더 예쁜 거 같아.

A: 나 어제 집에서 잤어!

B: 사실대로 말해! 너 내가 모를 줄 알아?

Composition 1
요렇게 하는 거라구~!!!

미쿡인은 절대 못 가르치는 영어
Anderson English

A: 엄마! 나 돈 좀 줘!
   Mom! Give me some money!
B: 넌 내가 네 엄마인 거 같니?
   Do you think I'm your mom?

A: 걔 어떻게 생겼냐?
   What does he look like?
B: 걔 장동건 닮은 거 같아!
   I think he looks like 장동건.

A: 2시 괜찮은 거 같아?
   Do you think 2('o clock) is ok?
B: 아니, 난 3시가 더 나은 거 같아!
   No, **I think** 3('o clock) is better!

A: 넌 김태희가 예쁜 거 같아?
   Do you think 김태희 is pretty?
B: 아니, 난 내가 더 예쁜 거 같아.
   No, **I think** I'm prettier.

A: 나 어제 집에서 잤어!
   I slept at home yesterday!
B: 사실대로 말해! 너 내가 모를 줄 알아?
   Tell me the truth! **Do you think** I don't know?

think 는 '생각하다'가 아니지

Practice 2
빡세지! 그래도 연작해 보자~

A: 너 내가 농담하는 거 같아? 나 너랑 결혼할 거야.

B: 너 진심이야(mean it=be serious)?

A: 나 너무 늙은 거 같아.

B: 아니야, 너 아직 젊어. 자신감을 좀 가져.

A: 여보! 우리 강남으로 이사 가야 될 거 같아.

B: 무슨 말이야? 당신 로또 당첨됐어(win a lottery)?

A: 난 우리가 서로 사랑하는 거 같아!

B: 넌 그런 거 같니? 난 네가 미친 거 같아.

A: 내가 전에 너한테 말했던 거 같은데.

B: 그런 거 같지 않은데.

Composition 2
요렇게 하는 거라구~!!!

A: 너 내가 농담하는 거 같아? 나 너랑 결혼할 거야.
Do you think I'm joking? **I'm going to** marry you.
B: 너 진심이야?
Are you serious?

A: 나 너무 늦은 거 같아.
I think I'm too old.
B: 아니야, 너 아직 젊어. 자신감을 좀 가져.
No, you're still young. Have some confidence.

A: 여보! 우리 강남으로 이사 가야 될 거 같아.
Honey! **I think** we('ll) have to(we should) move to 강남.
B: 무슨 말이야? 당신 로또 당첨됐어?
What do you mean? Did you win a lottery?

A: 난 우리가 서로 사랑하는 거 같아!
I think we love each other!
B: 넌 그런 거 같니? 난 네가 미친 거 같아.
Do you think so? **I think** you're crazy.

A: 내가 전에 너한테 말했던 거 같은데.
I think I told you before.
B: 그런 거 같지 않은데.
I don't think so.

think 는 '생각하다'가 아니지

Practice 3
빡세지! 그래도 영작해 보자~

A: 저기요! 제가 여기서 지갑을 잃어버린 거 같아요!

B: 여기 언제 오셨나요?

A: 미안해! 나 못 갈 거 같아.

B: 안 돼! 너 약속했잖아.

A: 걔(he) 돈 안 낸 거(안 냈던 거) 같아!

B: 나도 그런 거 같아.

A: 넌 걔(he)가 올 거 같아?

B: 아니, 난 걔 안 올 거 같아.

A: 너 왜 그렇게 화났어?

B: 남자 친구가 어제 집에 안 갔던 거 같아.

Composition 3
요렇게 하는 거라구~!!!

A: 저기요! 제가 여기서 지갑을 잃어버린 거 같아요!
   Excuse me! **I think** I lost my wallet here!
B: 여기 언제 오셨나요?
   When did you come here?

A: 미안해! 나 못 갈 거 같아.
   Sorry! **I don't think** I can go.
B: 안 돼! 너 약속했잖아.
   No way! You promised.

A: 걔 돈 안 낸 거(안 냈던 거) 같아!
   I don't think he paid!
B: 나도 그런 거 같아.
   I think so, too.

A: 넌 걔가 올 거 같아?
   Do you think he'll come?
B: 아니, 난 걔 안 올 거 같아.
   No, **I don't think** he will come.

A: 너 왜 그렇게 화났어?
   Why are you so angry?
B: 남자 친구가 어제 집에 안 갔던 거 같아.
   I don't think my boyfriend went home yesterday.

Part 2 - ② ing 는 '현재분사'가 아니지

ing

'~ing'는 영어에서 왕 같은 존재로 그만큼 중요하고, 많은 뜻도 거느리고 있어요.

그럼, 'ing' 하면 대체로 무엇이 떠오르나요? 그렇죠. '~하는 중', 동명사, 현재분사 등등이 떠오르죠? 여태껏 이 세 가지가 만고불변의 진리인양 배워왔으니 당연하죠. 근데, 이런 용어는 알아서 뭐해요? 일단! 말문이 터져야 뭐래도 할 것 아니에요.

그래서 말문을 열어주는 비법을 세 가지로 묶어서 준비했으니 한번 볼까요?

① I'm busy drinking 소주.　　나 바빠 소주 마시느라.
② I'll call you getting off the bus.　내가 전화할게 버스 내리면서(다가).
③ I hurt my hand cooking.　　나 손 다쳤어 요리하다가.

'느라', '다가', '면서'
이 삼 형제의 공통점은 두 가지 일이 동시에 일어난다는 것이에요. 즉, "I hurt my hand cooking."이라는 문장에서 알 수 있듯이 요리하는 동작이 일어나면서, 동시에 손을 다친 동작도 함께 일어난 것이죠. 그래서 'cook'이 아니라, 'cooking'이라고 쓴 거예요. 이때 "나 손 다쳤어. 요리하다가 (=요리하느라 = 요리하면서)" 이 셋 중에서 어떤 것으로 해석해도 무리가 없어요.

근데, 더 재미난 것은 'ing'를 빼먹어도 미국인은 다 알아듣는다는 거예요.
여러분이 "I hurt my hand cook!(나 손 다쳤어. 요리해!)"이라고 해도 미국인은 "그게 무슨 말이니? 넌 영어를 도대체 어디서 배운 거야?"라고 구박하지 않아요. 그래서 오랫동안 미국인과 공부를 해도, 자신이 뭘 잘못 말했는지 모른 채 넘어가기 일쑤죠.

● Summary 한번 정리해 보면

ing
- 느라
- 다가
- (면)서

● Example

She is busy fixing the computer.
걔 바빠 컴퓨터 고치느라.

I hurt my leg running.
나 다리 다쳤어 뛰다가.

We fight hitting each other.
우리는 싸워 서로 때리면서.

I don't wash my hair taking a shower.
나 머리 안 감아 샤워하면서.

What are you doing crying there?
너 뭐하고 있어 거기서 울면서?

Practice 1
ing 는 '현재분사'가 아니지

박세지! 그래도 영작해 보자~

A: 어떻게 다리를 다쳤어요(hurt)?

B: 넘어졌어요 축구하다가!

A: 너 영화 보면서 울었지, 그치?

B: 아니야, 난 절대 안 울어 영화 보면서.

A: 조심해 버스에서 내리면서!

B: 그만 잔소리 해(nag). 난 애가 아니야!

A: 너 들어가면서 돈 냈니?

B: 아니, 나오면서.

A: 나 table에서 떨어졌어(fall off) 시계 걸다가(hang).

B: 너 다쳤어?

Composition 1
요렇게 하는 거라구~!!!

A: 어떻게 다리를 다쳤어요?
How did you hurt your leg?
B: 넘어졌어요 축구하다가!
I fell down play**ing** soccer!

A: 너 영화 보면서 울었지, 그치?
You cried watch**ing** the movie, right?
B: 아니야, 난 절대 안 울어 영화 보면서.
No, I never cry watch**ing** movies.

A: 조심해 버스에서 내리면서!
Be careful gett**ing** off the bus!
B: 그만 잔소리 해. 난 애가 아니야!
Stop nagging me. I'm not a child!

A: 너 들어가면서 돈 냈니?
Did you pay money go**ing** in(inside)?
B: 아니, 나오면서.
No, gett**ing** out of there.

A: 나 table에서 떨어졌어 시계 걸다가.
I fell off the table hang**ing** a clock.
B: 너 다쳤어?
Are you hurt?

ing 는 '현재분사'가 아니지

Practice 2
빡세지! 그래도 연작해 보자~

A: 나 돈 세느라 피곤하다.

B: 넌 항상 그런 식이야.

A: 너 여자 친구랑 어떻게 싸우니?

B: 우리는 전화기 부수면서 싸워!

A: 걔(he)가 미안하다고 했어 울면서.

B: 그래서 화해했어(make up with~) 걔랑?

A: 내가 문자할게 택시 내리면서.

B: 아니야, 택시 타면서 문자해야 돼.

A: 머리를 흔들면서 도세요!

B: 이렇게? 오른쪽으로? 저 잘하고 있나요?

Composition 2
요렇게 하는 거라구~!!!

A: 나 돈 세느라 피곤하다.
   I'm tired count**ing** money.
B: 넌 항상 그런 식이야.
   You're always like that.

A: 너 여자 친구랑 어떻게 싸우니?
   How do you fight with your girlfriend?
B: 우리는 전화기 부수면서 싸워!
   We fight break**ing** the phones!

A: 걔가 미안하다고 했어 울면서.
   He said "sorry" cry**ing**.
B: 그래서 화해했어 걔랑?
   So did you make up with him?

A: 내가 문자할게 택시 내리면서.
   I'll text you gett**ing** out of the taxi.
B: 아니야, 택시타면서 문자해야 돼.
   No, you have to text me gett**ing** in the taxi.

A: 머리를 흔들면서 도세요!
   Turn around shak**ing** your head.
B: 이렇게? 오른쪽으로? 저 잘하고 있나요?
   Like this? To the right? Am I do**ing** good?

Practice 3
박세지! 그래도 연작해 보자~

ing 는 '현재분사'가 아니지

A: 너 걔랑(him) 연락하니(keep in touch)?

B: 아니! 걔(he) 요즘 바쁜 거 같아 영어 공부하느라.

A: 왜 그래(what's wrong)?

B: 나 손을 다쳤어 요리하다가.

A: 생일 축해해! 내가 이거 만들었어 너 생각하면서.

B: 세상에나!

A: 너 뭐하고 있어 거기서 울면서?

A: 너 그 여자랑 술 마시면서 뭐했어?

B: 우리 그냥 얘기했어. 내가 몇 번을 말해야 되냐?

Composition 3
요렇게 하는 거라구~!!!

A: 너 걔랑 연락하니?
   Do you keep in touch with him?
B: 아니! 걔 요즘 바쁜 거 같아 영어 공부하느라.
   No! I think he is busy study**ing** English.

A: 왜 그래?
   What's wrong (with you)?
B: 나 손을 다쳤어 요리하다가.
   I hurt my hand cook**ing**.

A: 생일 축하해! 내가 이거 만들었어 너 생각하면서.
   Happy birthday! I made this think**ing** about you .
B: 세상에나!
   Oh! My God!

A: 너 뭐하고 있어 거기서 울면서?
   What're you doing crying there?

A: 너 그 여자랑 술 마시면서 뭐했어?
   What did you do drink**ing** with her?
B: 우리 그냥 얘기했어. 내가 몇 번을 말해야 되냐?
   We just talked. How many times do I have to tell you?

Part 2 - 3 ing 는 '동명사'가 아니지

ing

'~ing'는 크게 5단계에 걸쳐 배워야 할 정도로 중요하고, 다양하게 해석될 수 있어요. 그래서 영어에서 왕처럼 대접받는다고 이야기 한 거예요. chapter 2에서는 'ing'를 '~느라, ~다가, ~면서'로 접근하는 방법을 배웠죠? 이때처럼 미국인도 모르는 '동명사', '현재부사' 따위의 용어는 잊어버리고, 가벼운 마음으로 'ing'로 말문 트일 준비를 해 봐요.

이번에는 '~고', '~기', '~는 거'로 'ing'를 정복해 보는 거예요.

① A: What are you doing? 너 뭐하고 있어?
   B: I am sleeping. 나 있어 자고. (=나는 자고 있어.)
    - I am sleep. (X) 나 자 있어. (X)
② A: What do you like? 너는 뭐 좋아하니?
   B: I like sleeping. 나는 좋아해 자는 거(잠자기).
③ A: You look so tired! 너 너무 피곤해 보여!
   B: Working at night is too hard. 밤에 일하는 거(일하기) 너무 힘들어.

'~느라, ~다가, ~면서'는 세 가지 모두 두 가지 일이 동시에 일어난다는 의미여서 쉬웠죠? 그런데 지금 배우는 'ing'는 좀 달라요. '~기', '~는 거'는 비슷한 뜻이지만, '~고'는 동작의 순간을 나타내는 '~는 중'의 의미가 있기 때문에 주의 깊게 살펴보고 사용해야 해요.

또한, 위의 예시문에 나와 있듯이 'sleeping'을 써야할 자리에 'sleep'을 쓰게 되면, '~고'의 의미가 사라져서 이상한 표현이 되고 말아요.

하나 더, 우리말과 영어는 어순이 다르기 때문에 우리말을 할 때도 위의 예시문처럼 영어 어순으로 말하는 습관을 길러야 영어가 입에서 술술 흘러나오게 돼요. 기억하고, 꼭 연습해 보세요

● Summary 한번 정리해 보면

$$\text{ing} \begin{cases} \sim 고 \\ \sim 기 \\ \sim 는 거 \end{cases}$$

● Example

I was crying.
나 울고 있었어.

I have a listening test and a speaking test.
나 듣기 시험이랑 말하기 시험 있어.

I don't like eating alone.
나 혼자 먹는 거 안 좋아해.

No sleeping here.
자는 거 안 돼 여기.

Teaching is hard.
가르치기(가르치는 거) 힘들다.

ing 는 '동명사'가 아니지

Practice 1
빡세지! 그래도 영작해 보자~

A: 내가 전화할게 버스에서 내리기 전에.

B: 네, 그때 봐요!

A: 내가 전화할게 버스에서 내리면서(get off (the bus, the subway)).

B: 아니야! 버스에서 내리기 전에 전화해야 돼.

A: 손 씻어 점심 먹기 전에.

B: 그만 잔소리해(nag)! 알아!

A: 너 울고 있니?

B: 아니요, 자고 있어요!

A: 내 취미는 자는 거야!

B: 먹는 거 아니고?

Composition 1
이렇게 하는 거라구~!!!

A: 내가 전화할게 버스에서 내리기 전에.
　I'll call you before getting off the bus.
B: 네, 그때 봐요!
　Ok, see you then.

A: 내가 전화할게 버스에서 내리면서.
　I'll call you getting off the bus.
B: 아니야! 버스에서 내리기 전에 전화해야 돼.
　No! You have to call before getting off the bus.

A: 손 씻어 점심 먹기 전에.
　Wash your hands before eating(having) lunch.
B: 그만 잔소리해! 알아!
　Stop nagging! I know!

A: 너 울고 있니?
　Are you crying?
B: 아니요, 자고 있어요!
　No, I'm sleeping!

A: 내 취미는 자는 거야!
　My hobby is sleeping.
B: 먹는 거 아니고?
　Not eating?

ing 는 '동명사'가 아니지

Practice 2
빡세지! 그래도 연작해 보자~

A: 난 kiss 하기 전에 이 닦아.

B: 하지만 너 먹고 나서는 이 안 닦잖아.

A: 너 자고 있었니?

B: 아니야, 나 안 자고 있었어!

A: 나 토해도 돼 이거 마시고 나서?

B: 화장실에서 해!

A: 8시 이후에 먹는 거 안 돼! (after 8 : 8시 이후/ over 8 : 8시 넘어/ past 8 : 8시 지나)

B: 저 피검사 있죠 내일 아침, 그렇죠?

A: 나는 밥 먹어 소주 마시고 나서!

B: 난 반대야(opposite). 난 소주 마시기 전에 밥 먹어.

Composition 2

미국인은 절대 못 가르치는 영어
Anderson English

A: 난 kiss 하기 전에 이 닦아.
I brush my teeth **before** kiss**ing**.
B: 하지만 너 먹고 나서는 이 안 닦잖아.
But you don't brush your teeth **after** eat**ing**.

A: 너 자고 있었니?
Were you sleep**ing**?
B: 아니야, 나 안 자고 있었어!
No, I wasn't sleep**ing**!

A: 나 토해도 돼 이거 마시고 나서?
Can I throw up **after** drink**ing** this?
B: 화장실에서 해!
Do it in the bathroom!

A: 8시 이후에 먹는 거 안 돼!
No eat**ing** after 8!
B: 저 피검사 있죠 내일 아침, 그렇죠?
I have a blood test tomorrow morning, right?

A: 나는 밥 먹어 소주 마시고 나서!
I eat rice **after** drink**ing** 소주!
B: 난 반대야. 난 소주 마시기 전에 밥 먹어.
I'm the opposite. I eat rice **before** drink**ing** 소주.

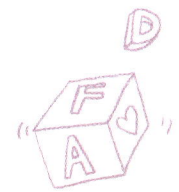

ing 는 '동명사'가 아니지

Practice 3
빡세지! 그래도 영작해 보자~

A: 밤에 일하는 거 너무 힘들어!

B: 나도 그런 거 같아. 근데 난 익숙해졌어(be used to).

A: 너 취미가 뭐야? 자는 거?

B: 내 취미는 영어를 가르치는 거야!

A: 무슨 말이야? 나 안 자고 있었어.

B: 나 너 자는 거 봤어! 사실대로 말해(tell me the truth).

A: 우리 만나기 전에 시간 정하자(set a time).

B: 좋아, 몇 시가 좋아?

A: 너 뭐 먹었어 자기 전에? 너 냄새나!

B: 정말? 그냥 양파 조금이랑 마늘!

Composition 3
요렇게 하는 거라구~!!!

미국인은 절대 못 가르치는 영어
Anderson English

A: 밤에 일하는 거 너무 힘들어!
   Work**ing** at night is too hard.
B: 나도 그런 거 같아. 근데 난 익숙해졌어.
   I think so too, but I'm used to it.

A: 너 취미가 뭐야? 자는 거?
   What is your hobby? Sleep**ing**?
B: 내 취미는 영어를 가르치는 거야!
   My hobby is teach**ing** English.

A: 무슨 말이야? 나 안 자고 있었어.
   What do you mean? I wasn't sleep**ing**.
B: 나 너 자는 거 봤어! 사실대로 말해.
   I saw you sleep**ing**! Tell me the truth.

A: 우리 만나기 전에 시간 정하자.
   Let's set a time **before** meet**ing**.
B: 좋아, 몇 시가 좋아?
   Ok, what time is good?

A: 너 뭐 먹었어 자기 전에? 너 냄새나!
   What did you eat **before** sleep**ing**? You smell!
B: 정말? 그냥 양파 조금이랑 마늘!
   Really? **Just** some onion and garlic!

Part 2 - 4. **and**는 '그리고'가 아니지

and

'and'에는 아주 많은 뜻이 있어요. 근데 그 뜻을 전부 다루면 기억하기만 어려우니, 우선 딱 한 가지만으로 'and'를 자유자재로 활용할 수 있는 비법을 알아보도록 해요.

열심히 청소를 하고 있는데, 짓궂은 남동생이 부스러기를 날리며 과자를 먹고 있으면, 참 참기 힘들죠? 이때는 손에 잡히는 아무거나 들고 이렇게 외쳐야죠? **"Go and eat!"**
그럼, 이 문장은 어떻게 해석할까요? 너무 쉬운가요? "가 그리고 먹어." 근데, 뭔가가 좀 어색하죠? 그래요. "가서 먹어."라고 해야 자연스러워요.

이때 동생이 일어나면서 계속 과자를 주어먹고 있다면, 동생은 **"Go and eat!"**라는 명령을 어기고 있는 거예요. 왜냐하면 'A and B'에서 말하는 '~서'는 'A를 먼저하고, B를 하다'라는 뜻이거든요. 즉, "가면서 먹어."가 아니란 말이죠.

하나 더, **"Go and eat!"**에서 'and'를 빼고, **"Go eat!(가 먹어!)"**라고 해도 의미상의 차이는 별로 없어요. 그러나 'and'를 써 주는 편이 더 좋아요.

여기서 한 가지 주의할 점이 있어요. '~서'를 아는 것만으로 우리말을 쉽게 영어로 바꿀 수 있는 것은 아니에요. 우리말과 영어는 어순이 다르기 때문에, 문장의 맨 끝에 있는 우리말(어말어미)을 영어로 잘 바꿀 수 있어야 비로소 완벽해지는 거예요.

① 내가 전화해서 물어볼게.   I'll call **and** ask.
② 나 집에 가서 자야 돼.   I have to go home **and** sleep.
③ 우리 집에 가서 잘까?   Shall we go home **and** sleep?

위와 같이 우리말을 영어로 바꿀 때, '~서 ~게', '~서 ~야 돼'를 영어로 바꿔주는 역할을 하는 단어가 바로 'and'예요.

● Summary 한번 정리해 보면

and { ~서

● Example

I have to go home and watch TV.
나 집에 가서 **TV** 봐야 돼.

Can I go and watch TV?
나 가서 **TV** 봐도 돼?

Shall we get off the bus and walk?
우리 버스 내려서 걸어갈까?

Did you call and ask?
너 전화해서 물어봤니?

I want to marry you and have a baby.
나 너랑 결혼해서 아기 갖고 싶어.

and 는 '그리고'가 아니지

Practice 1
박세지! 그래도 영작해 보자~

A: 너 그게 어디인지 알아?

B: 몰라. 내가 전화해서 물어볼게.

A: 너 집에 가서 자고 싶어?

B: 아니야! 나 집에 가서 공부해야 돼!

A: 우리 나가서 맥주 좀 마시자.

B: 그럼, 우리 한강 가서 맥주 마시는 거 어때?

A: 들어와서 커피 좀 드세요(have)!

B: 괜찮아요.

A: 나 일어나서 춤춰도 돼?

B: 닥치고서 계속 술이나 마셔! (keep ~ing : 계속 ~하다)

Composition 1
요렇게 하는 거라구~!!!

미국인은 절대 못 가르치는 영어
Anderson English

A: 너 그게 어디인지 알아?
Do you know where it is?
B: 몰라. 내가 전화해서 물어볼게.
I don't know. I**'ll** call **and** ask.

A: 너 집에 가서 자고 싶어?
Do you want to go home **and** sleep?
B: 아니야! 나 집에 가서 공부해야 돼!
No! I have to go home **and** study!

A: 우리 나가서 맥주 좀 마시자.
Let's get out **and** have some beer.
B: 그럼, 우리 한강 가서 맥주 마시는 거 어때?
Then, **how about** we go to the river 한 **and** drink beer?

A: 들어와서 커피 좀 드세요!
Come in **and** have some coffee!
B: 괜찮아요.
No thanks.

A: 나 일어나서 춤춰도 돼?
Can I stand up **and** dance?
B: 닥치고서 계속 술이나 마셔!
Shut up **and** keep drinking!

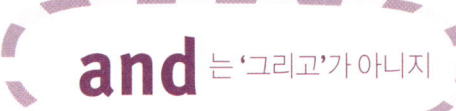

Practice 2
빡세지! 그래도 영작해 보자~

A: 어제 어떻게 된 거야?

B: 나 그냥 집에 가서 잤어!

A: 쭉 가서 코너에서 좌회전 하세요. (좌회전 : take a left, make a left, get a left)

B: 네, 곧 가겠습니다. (=곧 도착할 것이라는 뜻)

A: 너 문 열어서 확인했냐?

B: 아니! 난 문이 어디 있는지도 몰라!

A: 너 돈 언제 갚을 거야?

B: 내 월급날이야 오늘이! 내가 돈 받아서 보낼게.

A: 나 할리우드 가서 배우 될 거야.

B: 그전에, 비디오 tape나 반납하지 그래. (why don't you~ : ~지 그래)

Composition 2
요렇게 하는 거라구~!!!

A: 어제 어떻게 된 거야?
   What happened yesterday?
B: 나 그냥 집에 가서 잤어!
   I just went home **and** slept!

A: 쭉 가서 코너에서 좌회전 하세요.
   Go straight **and** take a left at the corner.
B: 네, 곧 가겠습니다.
   Yes, I'll be there soon.

A: 너 문 열어서 확인했냐?
   Did you open the door **and** check it?
B: 아니! 난 문이 어디 있는지도 몰라!
   No! I don't know where the door is!

A: 너 돈 언제 갚을 거야?
   When **are** you **going to** pay back my money?
B: 내 월급날이야 오늘이! 내가 돈 받아서 보낼게.
   It's my payday today! I'll get money **and** send it (to you).

A: 나 할리우드 가서 배우 될 거야.
   I'm going to go to hollywood **and** be an actor.
B: 그전에, 비디오 tape나 반납하지 그래.
   Before that, why don't you return the video tape.

Practice 3
빡세지! 그래도 영작해 보자~

A: 이제 가방 싸서(pack (up) bags) 나가(=떠나).
_____

B: 어떻게 그런 말을 할 수 있어? 그건 너무 심하잖아.
_____

A: 나 집에 가서 TV 보고 싶어.
_____

B: 너 왜 집에 가서 TV 보고 싶어? 나 맘에 안 들어?
_____

A: 너 어디서 일해서 돈 벌었냐?
_____

B: 비밀이야(a secret)! 내가 나중에 말해줄게!
_____

A: 너 왜 어제 사라졌냐(disappear)?
_____

B: 나 화장실에 들어가서 잤어 거기서.
_____

A: 우리 언제 만나서 영화 볼까?
_____

B: 내일모레(the day after tomorrow) 어때?
_____

Composition 3
요렇게 하는 거라구~!!!

Anderson English

A: 이제 가방 싸서 나가(=떠나).
Pack up your bags and leave.
B: 어떻게 그런 말을 할 수 있어? 그건 너무 심하잖아.
How can you say that? That's too much.

A: 나 집에 가서 TV 보고 싶어.
I want to go home and watch TV.
B: 너 왜 집에 가서 TV 보고 싶어? 나 맘에 안 들어?
Why do you want to go home and watch TV? You don't like me?

A: 너 어디서 일해서 돈 벌었냐?
Where did you work and make money?
B: 비밀이야! 내가 나중에 말해줄게!
It's a secret! I'll tell you later!

A: 너 왜 어제 사라졌냐?
Why did you disappear yesterday?
B: 나 화장실에 들어가서 잤어 거기서.
I went into the bathroom and slept there.

A: 우리 언제 만나서 영화 볼까?
When shall(should) we meet and watch a movie?
B: 내일모레 어때?
How about the day after tomorrow?

Part 2 - ⑤ better 는 '~하는 편이 낫다'가 아니지

better

'better'는 우리말로 여섯 가지의 뜻이 있어요.

'~게 좋겠다', '~게 좋을 걸', '~게 좋을 텐데'
'~게 낫겠다', '~게 나을 걸', '~게 나을 텐데'

보통 'you had better = you'd better = you better'를 많이 사용하는데, 이 표현들은 모두 맞아요. 다만, 회화에서는 발음이 귀찮아서 'you had better'는 잘 쓰지 않죠.

미국인이 당신에게 "'좋을 텐데'가 좋은 뜻이에요? 나쁜 뜻이에요?"라고 물어본다면 뭐라고 대답할 건가요? "그건 그때그때 달라요~." 왜냐하면 상황과 억양에 따라 좋은 뜻일 때도 있고, 나쁜 뜻일 때도 있으니까요.
"아프면 집에 가는 게 좋을 텐데." 이건 걱정하는 거죠. 그런데, "야! 너 닥치는 게 좋을 텐데."라고 한다면 이건 걱정이 아니라 협박을 하는 거죠.

우리말이 상황에 따라 두 가지 의미로 해석될 수 있듯이 영어도 마찬가지예요. "You'd better come early."는 "일찍 오는 게 좋겠어."라는 의미일 수도 있고, "너 일찍 오는 게 좋을 텐데 (늦게 오면 맞는다!)."일 수도 있어요. 후자의 경우에는 무조건 일찍 가야겠죠.

그러면 부정의 의미를 나타내고자 할 때, 'not'은 문장의 어느 곳에 들어가야 할까요? 바로 'better'의 뒤에 와야 해요.

> You'd better not marry him, he is a playboy.
> 너 걔랑 결혼 안 하는 게 좋을 걸! 걔 바람둥이야.

이처럼 'I had better not'은 '안 하는 게 좋을 걸(=좋을 텐데, 좋겠어)'라고 해석하면 되는 거예요.

● Summary 한번 정리해 보면

had better
(='d better)
(= better)
{ 좋겠어(다), 좋을 걸, 좋을 텐데

  낫겠어(다), 나을 걸, 나을 텐데 }

had better not { 안 하는 게 좋겠어(다), 좋을 텐데, 좋을 걸
안 하는 게 낫겠어(다), 나을 텐데, 나을 걸 }

● Example

You'd better quit smoking.
너 담배 끊는 게 좋을 걸(좋겠어).

I think we'd better go home.
우리 집에 가는 게 나을 것 같아.

You better be careful!
너 조심하는 게 좋을 걸!(좋을 텐데).

I'd better stay at home!
나는 집에 있는 게 낫겠어(좋겠어).

We'd better not take the bus.
우리 버스 안 타는 게 낫겠어(나을 텐데).

better 는 '~하는 편이 낫다' 가 아니지

Practice 1
박세지! 그래도 영작해 보자~

A: 우리 택시 타는 게 낫겠어. 나 다리 아파(hurt).

B: 정말? 근데, 나 돈이 없어. 등에 업혀.

A: 너 닥치는 게 좋을 텐데. 이게 마지막 경고다(warning).

B: 네, 닥칠게요.

A: 너 일찍 오는 게 나을 걸. 엄마 지금 화났다.

B: 네, 지금 가고 있어요.

A: 오늘 우리 집에 올래? 동건이도 올 거야.

B: 나 몸이 안 좋아. 난 집에 있는 게 낫겠어.

A: 너 차 안 가지고 오는 게 나을 걸. 차 막혀(traffic).

B: 거기 지하철 역 있어? 나 지하철 탈까(take)?

Composition 1

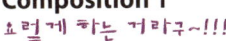

미국인은 절대 못 가르치는 영어
Anderson English

A: 우리 택시 타는 게 낫겠어. 나 다리 아파.
   We **better** take a taxi. My legs hurt.
B: 정말? 근데, 나 돈이 없어. 등에 업혀.
   Really? But I don't have money. Get on my back.

A: 너 닥치는 게 좋을 텐데. 이게 마지막 경고다.
   You'd **better** shut up. This is my last warning.
B: 네, 닥칠게요.
   Ok, I'**ll** shut up.

A: 너 일찍 오는 게 나을 걸. 엄마 지금 화났다.
   You'**d better** come early. Your mom is angry.
B: 네, 지금 가고 있어요.
   I'm on my way.

A: 오늘 우리 집에 올래? 동건이도 올 거야.
   Will you come to my house? 동건 will come, too.
B: 나 몸이 안 좋아. 난 집에 있는 게 낫겠어.
   I'm not feeling well(=I don't feel well). I **better** stay at home.

A: 너 차 안 가지고 오는 게 나을 걸. 차 막혀.
   You **better** not bring your car, there's a lot of traffic.
B: 거기 지하철 역 있어? 나 지하철 탈까?
   Is there a subway station there? Shall(Should) I take the subway?

Tip - 'hurt'

My legs hurt.	다리 아파.
I hurt my legs.	다리 다쳤어.

Practice 2
박세지! 그래도 영작해 보자~

A: 너 영어 포기하는 게 낫겠어.
_____

B: 뭐요? 어떻게 그런 말을 할 수 있어요? 아뇨, 저 절대 포기 안 할 거예요.
_____

A: 우리 지금 예약하는 게 낫겠어.
_____

B: 나중에 해도 되잖아.
_____

A: 너 서두르는 게 나을 텐데. 벌써(already) 10시야.
_____

B: 이런, 나 늦었다. 왜 말 안했어?
_____

A: 너 티켓 미리 사는 게 나을 걸.
_____

B: 나 벌써(already) 하나 샀어(buy-bought).
_____

A: 너 걔(him)랑 결혼 안 하는 게 좋을 걸.
_____

B: 왜 그런 소리를 해? 너 뭔가 숨기고(hide) 있지, 그치?
_____

Composition 2
요렇게 하는 거라구~!!!

미쿡인은 절대 못 가르치는 영어
Anderson English

A: 너 영어 포기하는 게 낫겠어.
   You**'d better** give up English.
B: 뭐요? 어떻게 그런 말을 할 수 있어요? 아뇨, 저 절대 포기 안 할 거예요.
   What? How can you say that. No, I'm never going to give up.

A: 우리 지금 예약하는 게 낫겠어.
   We**'d better** make a reservation now.
B: 나중에 해도 되잖아.
   We can do it later.

A: 너 서두르는 게 나을 텐데. 벌써 10시야.
   You**'d better** hurry up. It's already 10.
B: 이런, 나 늦었다. 왜 말 안했어?
   Gee, I'm late. Why didn't you tell me?

A: 너 티켓 미리 사는 게 나을 걸.
   You**'d better** buy the ticket in advance.
B: 나 벌써 하나 샀어.
   I already bought one.

A: 너 걔랑 결혼 안 하는 게 좋을 걸.
   You**'d better not** marry him.
B: 왜 그런 소리를 해? 너 뭔가 숨기고 있지, 그치?
   Why do you say that? You're hiding something, right?

better 는 '~하는 편이 낫다' 가 아니지

Practice 3
빡세지! 그래도 열작해 보자~

A: 닥치고서 내 말을 듣는 게 좋을 텐데.

B: 너 너무 무서워(scary)!

A: 비가 억수같이(cats and dogs) 오고 있어 지금.

B: 정말? 그럼, 우리 수영 안 가는 게 낫겠다.

A: 너 돈 가방에 넣는 게 좋겠다.

B: 겨우(only) 만 원 밖에 안 돼.

A: 우리 거기 안 가는 게 나을 거 같아.

B: 왜, 너 마음 바꿨냐(change mind)?

A: 넌 내가 다이어트를 하는(go on a diet=do a diet) 게 나을 것 같아?

B: 응, 난 네가 라면 그만 먹는 게 좋을 거 같아.

Composition 3
요렇게 하는 거라구~!!!

미국인은 절대 못 가르치는 영어
Anderson English

A: 닥치고서 내 말을 듣는 게 좋을 텐데.
You'd **better** shut up **and** listen to me.
B: 너 너무 무서워!
You're so scary!

A: 비가 억수같이 오고 있어 지금.
It's raining cats and dogs now.
B: 정말? 그럼, 우리 수영 안 가는 게 낫겠다.
Really? Then, we'**d better not** go swimming.

A: 너 돈 가방에 넣는 게 좋겠다.
You'**d better** put the money in your bag.
B: 겨우 만 원 밖에 안 돼.
It's only ten thousand won.

A: 우리 거기 안 가는 게 나을 거 같아.
I think we'**d better not** go there.
B: 왜? 너 마음 바꿨냐?
Why? Did you change your mind?

A: 넌 내가 다이어트를 하는 게 나을 것 같아?
Do you think I'**d better** go on a diet?
B: 응, 난 네가 라면 그만 먹는 게 좋을 거 같아.
Yes, I think you'**d better** stop eating 라면.

미국인은 절대 못 가르치는 영어
Anderson English

Part 2 - **6 I can't believe it!**
은 '믿을 수 없어'가 아니지

believe

'believe'는 '믿다'라는 뜻이 있죠. 그런데 지금은 잠시 이 뜻을 잊도록 하죠. 왜? 그래야 말문이 트이니까요.

오랜만에 중학교 동창회에 갔어요. 중학생일 때도 별로였고, 지금도 별 볼 일 없어 보이는 친구가 외제차를 탄 근사한 남친을 데리고 왔어요. 그때 뒤에서 웅성거리는 소리 중에 가장 많이 들리는 말이 뭘까요? 그렇죠. **"I can't believe she has a boyfriend!"** 그럼, 이 말의 뜻은 뭘까요? "나는 믿을 수 없다 걔가 남자친구가 있다는 것을." 역시 어색하죠? 이때는 "(말도 안 돼!) 걔가 남자친구가 있다니."라고 해야죠.

그럼, "Can you believe (it) she's younger than me."는 무슨 뜻일까요? 맞아요. "너 믿을 수 있니 걔가 나보다 어리다는 것을"이 아니라, "(말이 되냐) 걔가 나보다 어리다니." 이렇게 연습을 해야 영어의 말문이 쉽게 트인답니다.

> A: I had lunch with 원빈 yesterday! 나 어제 원빈이랑 점심 먹었다!
> B: I can't believe it! ("No way!"라고 말해도 돼요.)
> 나는 그것을 믿을 수 없어! (X) / 말도 안 돼! (O)

여기서 잠깐! 물론, 'believe'가 '믿다'라는 의미로 쓰일 경우도 있으니 주의하세요. "I can't believe you.(난 네 말 못 믿겠어.)"

위와 같이 "I can't believe it!"이라고만 하면 그냥 "말도 안 돼!" 이렇게 해석하면 돼요. "No, Way!"라는 말처럼요.

● **Summary** 한번 정리해 보면

I can't believe (it)! { 말도 안 돼

I can't believe (it)~ { 말도 안 돼 ~ 다니
　　　　　　　　　　　　말도 안 돼 ~ 라니

Can you believe (it)? { 말이 되냐

Can you believe (it) ~ { 말이 되냐 ~ 다니
　　　　　　　　　　　　　말이 되냐 ~ 라니

● Example

I can't believe it!
말도 안 돼!

I can't believe (it) you are younger than me.
(말도 안 돼) 네가 나보다 어리다니.

Can you believe she has a boyfriend?
말이 되냐 걔가 남자친구가 있다니?

I can't believe it!
은 '믿을 수 없어'가 아니지

Practice 1
빡세지! 그래도 연작해 보자~

A: 나 너보다 10살 어려!

B: (말도 안 돼!) 네가 나보다 어리다니!

A: (말도 안 돼!) 내가 실수를 하다니(make a mistake)!

B: 괜찮아! 이번이 처음이니까 하지만 다신 그러지 마.

A: (말도 안 돼!) 내가 벌써 40살이라니!

B: 하지만 너 아직 어려 보여.

A: 그거 농담이었대.

B: (말도 안 돼!) 네가 몰랐었다니.

A: 야, 말이 되냐 걔(he)한테 BMW가 있다니?

B: 그거 사실이야. 내가 걔 운전하는 거 봤어.

Composition 1
요렇게 하는 거라구~!!!

미쿡인은 절대 못 가르치는 영어
Anderson English

A: 나 너보다 10살 어려!
   I'm 10 years younger than you!
B: (말도 안 돼!) 네가 나보다 어리다니!
   I can't believe (it), you're younger than me!

A: (말도 안 돼!) 내가 실수를 하다니!
   I can't believe (it), I made a mistake!
B: 괜찮아! 이번이 처음이니까 하지만 다신 그러지 마.
   No problem! This is your first time but never do that again.

A: (말도 안 돼!) 내가 벌써 40살이라니!
   I can't believe (it), I'm already 40 (years old)!
B: 하지만 너 아직 어려 보여.
   But you still look young.

A: 그거 농담이었대.
   He said it was a joke.
B: (말도 안 돼!) 네가 몰랐었다니.
   I can't believe you didn't know.

A: 야, 말이 되냐 걔한테 BMW가 있다니?
   Can you believe he has a BMW?
B: 그거 사실이야. 내가 걔 운전하는 거 봤어.
   That's true. I saw him driving.

I can't believe it!
은 '믿을 수 없어'가 아니지

Practice 2
빡세지! 그래도 영작해 보자~

A: (말도 안 돼!) 네가 몰랐다니.

B: 나 정말 몰랐어. 내가 거짓말하고 있는 거 같아?

A: 너 축구 봤어? 한국 팀이 졌다 2골 차이로(by ~).

B: 정말 말도 안 돼! 너 농담하는 거지, 그치?

A: 걔(he)가 나한테 꺼지라고(beat it) 했어.

B: (말도 안 돼!) 걔가 그런 말을 했다니.

A: (말도 안 돼!) 네가 양주 2병을 마시다니.

B: 나 가끔 3병도 마셔.

A: 야, 말이 되냐 우리가 벌써 3병 마셨다니?

B: 나 알고 있었어! 걱정 마, 내가 쏠게(it's on me)!

Composition 2

미국인은 절대 못 가르치는 영어
Anderson English

A: (말도 안 돼!) 네가 몰랐다니.
   I can't believe you didn't know.
B: 나 정말 몰랐어. 내가 거짓말하고 있는 거 같아?
   I really didn't know. **Do you think** I'm lying?

A: 너 축구 봤어? 한국 팀이 졌다 2골 차이로.
   Did you watch the soccer game? The Korean team lost by 2 goals.
B: 정말 말도 안 돼! 너 농담하는 거지, 그치?
   I really **can't believe it!** You're joking, right?

A: 걔가 나한테 꺼지라고 했어.
   He said "beat it" to me.
B: (말도 안 돼!) 걔가 그런 말을 했다니.
   I can't believe he said that.

A: (말도 안 돼) 네가 양주 2병을 마시다니.
   I really **can't believe (it),** you drink 2 bottles of whiskey.
B: 나 가끔 3병 마셔.
   I drink 3 bottles sometimes

A: 야, 말이 되냐 우리가 벌써 3병 마셨다니?
   Can you believe we already drank 3 bottles?
B: 나 알고 있었어! 걱정 마, 내가 쏠게!
   I knew it! Don't worry, it's on me!

I can't believe it!
은 '믿을 수 없어'가 아니지

Practice 3
빡세지! 그래도 연작해 보자~

A: (말도 안 돼!) 내가 로또에 당첨되다니(win a lottery).

B: 내 그럴 줄 알았어! 나 얼마 줄 거야?

A: 너 소식 들었냐? 권상우 결혼했다(get married).

B: (말도 안 돼!) 나의 권상우가 결혼을 했다니.

A: 너 소식 들었냐? 너 짤렸어(get fired)!

B: (말도 안 돼!) 사장이 날 해고했다니(fire).

A: 나 요즘 diet 중인 거 알아? 나 지금 45kg이야.

B: (말도 안 돼!) 네가 그렇게(so=that) 날씬하다니(slim).

A: TV가 있다 화장실에!

B: 말도 안 돼! 네가 직접 봤어? (yourself : 직접, by yourself : 혼자서)

Composition 3
요렇게 하는 거라구~!!!

미쿡인은 절대 못 가르치는 영어
Anderson English

A: (말도 안 돼!) 내가 로또에 당첨되다니.
I can't believe (it), I won a lottery.
B: 내 그럴 줄 알았어! 나 얼마 줄 거야?
I knew it! How much **are you going to** give me?

A: 너 소식 들었냐? 권상우 결혼했다.
Did you hear the news? 권상우 got married.
B: (말도 안 돼!) 나의 권상우가 결혼을 했다니.
I can't believe (it), my 권상우 got married.

A: 너 소식 들었냐? 너 짤렸어!
Did you hear the news? You got fired!(You are fired)
B: (말도 안 돼!) 사장이 날 해고했다니.
I can't believe my boss fired me.

A: 나 요즘 **diet** 중인 거 알아? 나 지금 **45kg**이야.
You know I'm on a diet? I'm now 45kg.
B: (말도 안 돼!) 네가 그렇게 날씬하다니.
I can't believe you're that slim.

A: TV가 있다 화장실에!
There is a TV in the bathroom.
B: 말도 안 돼! 네가 직접 봤어?
I can't believe it! Did you see it yourself?

Part 2 - 7 **mind** 는 '꺼리다'가 아니지

mind

'mind = 꺼리다' 우리가 학교 다닐 때 귀에 못이 박히게 들었던 참 어처구니없는 공식이죠. 물론 'mind'에는 '마음속으로 내키지 않다'는 의미가 있어요. 그래서 'mind = 꺼리다'라는 이상한 공식이 생긴 것이라고 넓은 마음으로 이해하려고 노력해 보죠. 그런데 이 때문에 우리는 'mind'만 나오면 의미 파악이 쉽지 않아 항상 '꺼리게' 됐던 거예요.

그리 친하지 않은 친구가 "Do you mind if I call you?"라고 물어본다면 어떤 느낌일까요? 혹시 "내가 전화하면 꺼리냐?(꼽냐?)"라고 받아들인다면 불쾌해질 수도 있겠죠? 그런데 이 말은 "내가 전화하면 안 돼(될까)?"라는 표현이에요. 다시 말해, "혹시, 내가 전화하는 것이 싫으니?"라는 완곡한 물음일 수도 있고, 정중한 표현일 수도 있지요.

그럼, 'mind'를 사용한 질문에는 어떻게 대답해야 할까요?

> A: I'm sorry but I forgot my wallet.   미안한데, 내가 지갑을 깜빡했어.
> B: Do you mind if you pay?   네가 내면 안 돼?
>   =Do you mind paying?
> A: No! It's fine.   아니야. 괜찮아. 내가 낼게.

위와 같이, 상대가 나에게 돈을 내는 것이 싫으냐고 물어봤기 때문에 싫지 않을 경우에는 'No'라고 해야 돼요. 이것을 몰랐다면 친구에게 참 섭섭해지겠죠?

한 가지 더, "Do you mind if you pay?" 이런 문장에서는 'you'를 하나 빼고, "Do you mind paying?"이라고 표현해도 괜찮아요.

한발 더 나가서, 'don't mind'는 이렇게 기억하세요.

> - I don't mind cooking!
>   나 요리하는 거 안 꺼려! (X) / 나 요리하는 것은 괜찮아(싫지 않아). (O)
> - I'll call you if you don't mind.
>   내가 전화할게 네가 꺼리지 않으면. (X) / 내가 전화할게 네가 괜찮다면. (O)

● **Summary** 한번 정리해 보면

Do you mind if ~ ? { ~면 안 돼?

I don't mind ~ { (는 거)는 괜찮아
(는 거)는 싫지 않아

● Example

Do you mind if we meet today?
우리 오늘 만나면 안 돼?

Do you mind if you don't go home?
너 집에 안 가면 안 돼?

I don't mind working here but it's too far from my house.
난 여기서 일하는 거는 괜찮은데 집에서 너무 멀어.

mind 는 '꺼리다'가 아니지

Practice 1
빡세지! 그래도 영작해 보자~

A: 약속(the appointment) 3시인 거 알지?

B: 나 안 가면 안 돼?

A: 나 너랑 사귀고 싶어(go out with~). 안 되니?

B: 너 닥치면 안 되니?

A: 실례합니다. 사진 찍어주시면(take a picture) 안 돼요?

B: 아니에요. 자 "김치~" 하세요(say)!

A: 늦지 마! 너 저번에 늦었잖아!

B: 우리 내일 만나면 안 돼?

A: 우리 30분 일찍 만나면 안 돼?

B: 왜? 너 다른 약속 있냐?

Composition 1
요렇게 하는 거라구~!!!

A: 약속 3시인 거 알지?
You know the appointment is 3'o clock.
B: 나 안 가면 안 돼?
Do you mind if I don't go?

A: 나 너랑 사귀고 싶어. 안 되니?
I'd like to go out with you. **Do you mind**?
B: 너 닥치면 안 되니?
Do you mind if you shut up?

A: 실례합니다. 사진 찍어주시면 안 돼요?
Excuse me. **Do you mind if** you take a picture?
B: 아니에요. 자 "김치~" 하세요!
No, ok. Say "김치"!

A: 늦지 마! 너 저번에 늦었잖아!
Don't be late! You were late before.
B: 우리 내일 만나면 안 돼?
Do you mind if we meet tomorrow?

A: 우리 30분 일찍 만나면 안 돼?
Do you mind if we meet 30 minutes earlier?
B: 왜? 너 다른 약속 있냐?
Why? Do you have another appointment?

mind 는 '꺼리다'가 아니지

Practice 2
빡세지! 그래도 영작해 보자~

A: 나 와인(wine) 한 병 더 마시면 안 돼?
_____

B: 그만 마셔! 너 벌써 취했어.
_____

A: 내가 버스에서 내리면서 전화하면 안 될까?
_____

B: 괜찮아! 그럼 이따가 전화해!
_____

A: 이런~ 벌써 10시야. 나 집에 가야 돼!
_____

B: 너 오늘 집에 안 가면 안 돼?
_____

A: 너 카메라 있지, 그치?
_____

B: 응, 근데 우리 사진 안 찍으면 안 돼? 나 화장 안 했어!
_____

A: 너 냄새난다. 가서 샤워해라!
_____

B: 나 샤워 안 하면 안 돼? 난 물이 무서워.
_____

Composition 2
요렇게 하는 거라구~!!!

미쿡인은 절대 못 가르치는 영어
Anderson English

A: 나 와인 한 병 더 마시면 안 돼?
Do you mind if I drink one more bottle of wine?
B: 그만 마셔! 너 벌써 취했어.
Stop drinking! You're already drunk.

A: 내가 버스에서 내리면서 전화하면 안 될까?
Do you mind if I call you getting off the bus?
B: 괜찮아! 그럼 이따가 전화해!
No problem! Then call me later!

A: 이런~ 벌써 10시야. 나 집에 가야 돼!
Gee, It's already 10. I have to go home!
B: 너 오늘 집에 안 가면 안 돼?
Do you mind if you don't go home today?

A: 너 카메라 있지, 그치?
You have a camera, right?
B: 응, 근데 우리 사진 안 찍으면 안 돼? 나 화장 안 했어!
Yes, but **do you mind if** we don't take a picture? I'm not wearing make-up.

A: 너 냄새난다. 가서 샤워해라!
You smell. Go and take a shower!
B: 나 샤워 안 하면 안 돼? 난 물이 무서워.
Do you mind if I don't take a shower? I'm afraid of water.

Practice 3
빡세지! 그래도 영작해 보자~

A: 저 여기 앉으면 안 돼요?

B: 아니에요, 괜찮아요!

A: 우리 수영하러 가면 안 돼?

B: 미안하다! 아빠가 수영을 못 한다.

A: 우리 헤어지면(break up) 안 돼?

B: 너 장난해? 너 알잖아 내가 얼마나 널 사랑하는지.

A: 나 chicken 한 box 더 먹으면 안 돼?

B: 제발 좀~ 네 배 좀 봐!

A: 엄마! 내 친구 여기서 자면 안 돼?

B: 아니야! 난 상관없는데, 네 아빠한테 물어봐야지.

Composition 3
요렇게 하는 거라구~!!!

미쿡인은 절대 못 가르치는 영어
Anderson English

A: 저 여기 앉으면 안 돼요?
Do you mind if I sit here?

B: 아니에요, 괜찮아요!
No, fine!

A: 우리 수영하러 가면 안 돼?
Do you mind if we go swimming?

B: 미안하다! 아빠가 수영을 못 한다.
Sorry! Dad is not good at swimming.

A: 우리 헤어지면 안 돼?
Do you mind if we break up?

B: 너 장난해? 너 알잖아 내가 얼마나 널 사랑하는지.
Are you kidding? You know how much I love you.

A: 나 chicken 한 box 더 먹으면 안 돼?
Do you mind if I eat(have) one more box of chicken?

B: 제발 좀~ 네 배 좀 봐!
Please, look at your stomach!

A: 엄마! 내 친구 여기서 자면 안 돼?
Mom! **Do you mind if** my friend sleeps here?

B: 아니야! 난 상관없는데, 너 아빠한테 물어봐야지.
No, fine! **I don't mind**, but you should ask your dad.

Part 2 - 8 say 는 '말하다'가 아니지

say

'say'를 '말하다'라고만 알고 있으면 'say'를 자유롭게 쓸 수가 없어요.

물론 'say'는 '말하다'라는 뜻이기는 하지만, 우리의 목적인 말문이 트이는 영어를 배우려면 생각의 전환이 필요해요.

한국에도 부쩍 외국인들이 많이 늘었죠? 그들이 우리의 세계적인 음식인 김치를 맛보면 뭐라고 하나요? "They say(said) 김치 is spicy."라고 할 수 있겠죠. 처음 이야기한 것처럼 'say'를 '말하다'라고만 알고 있으면, 이 문장은 "그들이 말하길 김치가 매워."라든가, "그들은 말해요 김치가 맵다고."라고 해석할 수 있을 거예요. 그러나 말문이 트이는 영어를 배우려면 "김치 맵대."라고 이해해야 해요. 여기서 'they'는 불특정 다수를 말하는 것으로 'people say(said)'이라고 해도 의미는 같고, 해석할 때는 생략을 해도 무방해요.

다시 말해, 'say'는 '말하다'가 아니라 '~대'라고 기억해야 해요.

- They say (said).
  그들이 말한다. (X) / ~대(래) (O)
- My mom says(said) "김치 is spicy".
  우리 엄마가 말하길 김치가 매워(맵다고). (X)
  우리 엄마가 (그러는데) 김치 맵대. (O)
- She said "sorry".
  걔가 미안하다고 말했어. (X) / 걔가 미안하대. (O)

여기서 잠깐, 주어가 'I'일 경우나, 상대방에게 무언가를 시킬 경우에는 조금 다르게 해석해야 해요.

A: Can I drink one more bottle?   나 한 병 더 마셔도 돼?
B: I said "shut up"!   내가 닥치라 했다! (say = 하다)

- Now I'll take a picture! Say "김치".
  이제 사진 찍을게요! "김치" 해요. (say = 하다)

이럴 경우에는 위의 예시문에서 보는 것과 같이 'say'를 '하다'라고 해석해야 하는 거예요.

● Summary 한번 정리해 보면

He
She
They
My friend
} say(s) (said) { ~ 대
~ 래

You said ~
I said ~
} { 했어
했잖아

● Example

My mother says(said) I'm smart.
우리 엄마가 나 똑똑하대.

Everybody says(said) you're pretty.
다들 네가 예쁘대.

I said "sorry"!
내가 "미안하다"고 했잖아!

Practice 1
빡세지! 그래도 영작해 보자~

A: 걔(he) 내가 예쁘대.

B: 정말?

A: 걔(he)가 자기가 미국에 살았대!

B: 뭐? 걔 영어할 수 있단 말이야?

A: 사장이 너 안 와도 된대 내일부터.

B: 무슨 말이야? 농담 그만해!

A: 우리 엄마가 어제 내 생일이었대!

B: 너 몰랐었단 말이야?

A: 김태희가 자기가 이효리보다 키가 크대!

B: TV에서(on TV) 말이야?

Composition 1
요렇게 하는 거라구~!!!

A: 걔 내가 예쁘대.
He says(said) I'm pretty.
B: 정말?
Really?

A: 걔가 자기가 미국에 살았대!
He says(said) he lived in America!
B: 뭐? 걔 영어할 수 있단 말이야?
What? You mean he can speak English?

A: 사장이 너 안 와도 된대 내일부터.
The boss says(said) you don't have to come.
B: 무슨 말이야? 농담 그만해!
What do you mean? Stop kidding!

A: 우리 엄마가 어제 내 생일이었대!
My mom says(said) it was my birthday yesterday.
B: 너 몰랐었단 말이야?
You mean you didn't know?

A: 김태희가 자기가 이효리보다 키가 크대!
김태희 says(said) she is taller than 이효리.
B: TV에서 말이야?
You mean on TV?

Practice 2
빡세지! 그래도 영작해 보자~

A: 부자들은 라면 안 먹는대.

B: 그럼, 그 사람들은 고기만 먹는다는 말이야?

A: 걔(he)가 너 지갑 잃어버렸다고 하던대.

B: 걔가 그걸 어떻게 알아?

A: 우리 엄마가 오늘이 아빠 생신이래!

B: 그럼, 너 가야 된다는 말이야?

A: 내 남자 친구가 나 귀엽대!

B: 넌 그걸 믿는다는 말이야?

A: 너 김태희랑 점심 먹었다고 했냐? 부럽다(envy).

B: 내가 좀 유명하다고 할 수 있지.

Composition 2
요렇게 하는 거라구~!!!

미쿡인은 절대 못 가르치는 영어
Anderson English

A: 부자들은 라면 안 먹는대.
They **say** the rich (people) don't eat 라면.
B: 그럼, 그 사람들은 고기만 먹는다는 말이야?
Then, **you mean** they only eat meat?

A: 걔가 너 지갑 잃어버렸다고 하던대.
He **says(said)** you lost your wallet.
B: 걔가 그걸 어떻게 알아?
How does he know that?

A: 우리 엄마가 오늘이 아빠 생신이래!
My mom **says(said)** it's my dad's birthday today!
B: 그럼, 너 가야 된다는 말이야?
Then, **you mean** you have to go?

A: 내 남자 친구가 나 귀엽대!
My boyfriend **says(said)** I'm cute!
B: 넌 그걸 믿는다는 말이야?
You mean you believe it?

A: 너 김태희랑 점심 먹었다고 했냐? 부럽다.
Did you **say** you had lunch with 김태희? I envy you.
B: 내가 좀 유명하다고 할 수 있지.
You **can say** I'm kind of famous.

Practice 3

 say 는 '말하다'가 아니지

빡세지! 그래도 영작해 보자~

A: 의사가 나 담배 끊어야 된대! (quit : ~을 그만두다)

B: 너 아직도 담배 피운다는 말이야?

A: 미안한데 나 오늘 좀 바빠. (좀(조금) : a little, kind of)

B: 그럼, 너 못 온다는 말이야?

A: 나 이 가방 5만 원 주고 샀어.

B: 이거 짝퉁이란 말이야?

A: 나 어제 술 너무 많이 마셨어.

B: 내가 너무 많이 마시지 말라고 했잖아.

A: 영어에서 뭐가 제일 중요한가요?

B: 말하기가 제일 중요하다고 할 수 있죠.

Composition 3
요렇게 하는 거라구~!!!

미쿡인은 절대 못 가르치는 영어
Anderson English

A: 의사가 나 담배 끊어야 된대!
The doctor says(said) I have to(should) quit smoking.
B: 너 아직도 담배 피운다는 말이야?
You mean you still smoke?

A: 미안한데 나 오늘 좀 바빠.
I'm sorry but I'm kind of busy today.
B: 그럼, 너 못 온다는 말이야?
Then, you mean you can't come?

A: 나 이 가방 5만 원 주고 샀어.
I bought this bag for fifty thousand won.
B: 이거 짝퉁이란 말이야?
You mean this is a fake?

A: 나 어제 술 너무 많이 마셨어.
I drank too much yesterday.
B: 내가 너무 많이 마시지 말라고 했잖아.
I said "Don't drink too much!".

A: 영어에서 뭐가 제일 중요한가요?
What is the most important in English?
B: 말하기가 제일 중요하다고 할 수 있죠.
You can say speaking is the most important!

미국인은 절대 못 가르치는 영어
Anderson English

Part 3
구별하기 힘들지?

헷갈리기 쉬운 표현들을 묶어 그 뜻을 비교하고, 상황에 맞게 활용해 봐요.

Part 3 - 1. will vs be going to

'will'은 Part 1에서 배웠는데 기억하나요? "Will you marry me?"라는 문장을 통해 'Will you ~?'는 '너 ~ㄹ래?'라고 해석해야 한다고 배웠죠. 그럼, 이제 'will'과 'be going to'의 차이점을 본격적으로 알아볼까요?

'will=단순미래', 'be going to=의지미래' 이것이 바로 10년 동안 여러분이 학교에서 배워온 공식이에요! 근데 아무리 봐도 모르겠더군요. 그래서 미국인들에게 물어봤죠. "'will'과 'be going to'의 차이점이 뭐야?" 이 질문을 받은 미국인들은 처음에는 설명하려고 노력했지만, 이내 당혹스러운 표정을 짓더군요. 그러고는 한참을 생각하더니 결국 "비슷한 뜻이긴 한데 조금 달라. 근데 설명은 못하겠어."라고 하더라고요. 당연하죠. 그들은 그 미묘한 차이를 설명할 수 없어요. 그냥 선천적으로 느끼고 있을 뿐이죠. 그래서 미국인에게서는 배울 수 없는 영어가 있다는 거예요.

'will'과 'be going to'의 차이를 말로 풀어서 설명하기에는 한계가 있어요. 그래서 여러분이 이해하기 쉽게 'I'와 'you'로만 예문을 들어 간략하게 다루도록 하죠.

- I'll drink 소주.
  나는 소주를 마실 것이다. (X) / 나는 소주 마실게(래). (O)
- I'm going to drink 소주.
  나는 소주 마실 예정이야. (X) / 나는 소주 마실 거야. (O)

위와 같이, 'will'은 '~ㄹ게(래)'라고 해석하고, 'be going to'는 '~ㄹ 거야'라고 이해하면 돼요. 해석하는 비법을 공개했으니 이젠 그 차이를 알겠죠? 아직 잘 모르겠다고요? 좋아요. 그럼, 이번에는 'will'과 'be going to'의 뜻을 바꿔서 문장을 해석해보도록 해요.

A: I'm busy.
 나 지금 바빠.
B: Ok. I'll call you later.
 알았어. 내가 나중에 할게.
 알았어. 내가 나중에 할 거야. (X)

A: She is waiting for you.
 걔 너 기다리고 있어.
B: I know I'm gonna call her now.
 나도 알아. 내가 지금 전화할 거야.
 나도 알아. 내가 지금 전화할게. (X)

이제, 미국인들이 말하는 그 미묘한 차이점을 느낄 수 있나요? 그래도 우리는 미국인이 아니니, 다시 한 번 집고 넘어가도록 하죠. 'will'은 말하는 순간에 무언가를 결정할 때 사용하면 되고, 'be going to'는 이미 마음의 결정을 내린 것을 말할 때 사용하면 되는 거예요.

● Summary 한번 정리해 보면

I will ~　　{ 나는(내가) ~ ㄹ게
　　　　　　　　나는(내가) ~ ㄹ래

I won't ~　　{ 나는(내가) ~ 안~ ㄹ게
　　　　　　　　나는(내가) ~ 안~ ㄹ게

I'm going to ~ (gonna)　　{ ~ ㄹ 거야

I'm not going to (gonna)　　{ 안~ ㄹ 거야

● Example

I'll help you!
내가 너 도와줄게!

I'm going to study hard!
나 공부 열심히 할 거야!

I'm not going to marry you!
나 너랑 결혼 안 할 거야!

will vs be going to

Practice 1
빡세지! 그래도 영작해 보자~

A: 너 뭐 먹을 거야?

B: 난 아무것도 안 먹을 거야.

A: 너 돈 언제 갚을(pay back) 거야?

B: 다음 달 중순에 갚을게! (at the beginning:초순/ in the middle:중순/ at the end:말)

A: 너 정말 걔랑 결혼 할(marry him) 거야?

B: 글쎄, 엄마한테 물어봐야 돼.

A: 너 나랑 결혼할래? 내가 너 행복하게 해줄게.

B: 글쎄, 생각해 볼게! 나한테 시간을 좀 줄래?

A: 너 또 늦었다! 일찍 못 와?

B: 죄송해요! 다신 안 늦을게요!

Composition 1
쉽게 하는 거라구~!!!

A: 너 뭐 먹을 거야?
What're you **going to** eat?
B: 난 아무것도 안 먹을 거야.
I'm not going to eat anything.

A: 너 돈 언제 갚을 거야?
When are you **going to** pay back?
B: 다음 달 중순에 갚을게!
I'll pay back in the middle of next month.

A: 너 정말 걔랑 결혼 할 거야?
Are you really **going to** marry him?
B: 글쎄, 엄마한테 물어봐야 돼.
Well, I have to ask my mom.

A: 너 나랑 결혼할래? 내가 너 행복하게 해줄게.
Will you marry me? **I'll** make you happy.
B: 글쎄, 생각해 볼게! 나한테 시간을 좀 줄래?
Well, **I'll** think about it! **Will** you give me some time?

A: 너 또 늦었다! 일찍 못 와?
You're late again! **Can't** you come early?
B: 죄송해요! 다신 안 늦을게요!
Sorry! **I'll** never be late!

will vs be going to

Practice 2
빡세지! 그래도 영작해 보자~

A: 너 몇 병 마실 **거야**?

B: 가능한 한 많이(as ~ as possible).

A: 너 담배 끊을(quit smoking) **거야**?

B: 응, 나 개털이야(I'm broke) 요즘.

A: 나 너 잊을 **거야**. 다신 절대 나한테 전화하지 마.

B: 네가 날 잊을 수 있을 거 같아?

A: 우리 무슨 라면 먹을**까**?

B: 나는 라면 안 먹을 **거야**. 내가 말했잖아 나 다이어트 중이야(on a diet).

A: 나 여기서 기다릴**게**. 빨리 와!

B: 가능한 빨리 돌아올**게**(as ~ as possible).

Composition 2
요렇게 하는 거라구~!!!

미쿡인은 절대 못 가르치는 영어
Anderson English

A: 너 몇 병 마실 거야?
How many bottles **are** you **going to** drink?
B: 가능한 한 많이.
As much as possible.

A: 너 담배 끊을 거야?
Are you **going to** quit smoking?
B: 응, 나 개털이야 요즘.
Yes, I'm broke these days.

A: 나 너 잊을 거야. 다신 절대 나한테 전화하지 마.
I'm going to forget about you. Never call me again.
B: 네가 날 잊을 수 있을 거 같아?
Do you think you can forget about me?

A: 우리 무슨 라면 먹을까?
What 라면 **shall(should)** we eat?
B: 나는 라면 안 먹을 거야. 내가 말했잖아 나 다이어트 중이야.
I'm not going to eat 라면. I told you I'm on a diet.

A: 나 여기서 기다릴게. 빨리 와!
I'll wait here. Hurry back!
B: 가능한 빨리 돌아올게.
I'll be back as soon as possible.

will vs be going to

Practice 3
빡세지! 그래도 영작해 보자~

A: 너 여기서 안 잘 거야? 그럼 어디서 잘 거야?

B: 나 집에 갈래. 나 너무 무서워(scared).

A: 제발 그만 전화해 나한테! 나 너 싫어!

B: 좋아! 내가 전화 안 할게 오늘부터.

A: 너 돈 보냈냐?

B: 아~ 미안 깜빡했다! 지금 바로 보낼게.

A: 약속 잊지 마! 나 바람맞히지(stand me up) 마!

B: 걱정 마. 안 잊을게! 내 기억력(my memory) 좋아.

A: 창문 좀 열래? 덥지 않니?

B: 문 먼저 열게요!

Composition 3
요렇게 하는 거라구~!!!

미쿡인은 절대 못 가르치는 영어
Anderson English

A: 너 여기서 안 잘 거야? 그럼 어디서 잘 거야?
Aren't you **going to** sleep here? Then where **are** you **going to** sleep?
B: 나 집에 갈래. 나 너무 무서워.
I'll go home. I'm so scared.

A: 제발 그만 전화해 나한테! 나 너 싫어!
Please stop calling me! I hate you!
B: 좋아! 내가 전화 안 할게 오늘부터.
Ok! I **won't** call you from today.

A: 너 돈 보냈냐?
Did you send me money?
B: 아~ 미안 깜빡했다! 지금 바로 보낼게.
Gee, sorry I forgot! **I'll** send (it) right now(=right away).

A: 약속 잊지 마! 나 바람맞히지 마!
Don't forget the appointment! Don't stand me up!
B: 걱정 마. 안 잊을게! 내 기억력 좋아.
Don't worry. I **won't** forget! My memory is good.

A: 창문 좀 열래? 덥지 않니?
Will you open the windows? Isn't it hot?
B: 문 먼저 열게요!
I'll open the door first.

Part 3 - 2 must vs have to vs should

Part 1에서 'have to'와 'should'에 대해서 배웠는데 기억하나요? 'have to'는 '~야 돼'라고 해석해야 하고, 'shall(should)'는 '~까?'로 이해해야 말문이 트인다고 얘기했었죠. 여기에 하나 더 알아야 할 것이 있는데, 바로 'must'예요. 이 세 단어를 한데 묶어 '의무를 나타내는 조동사'라고 배워 왔죠? 근데 이 세 단어는 약간씩 달라요.

먼저, 이 세 단어를 미국인들은 어떻게 가르치는지 볼까요?

> must   (100% 의무) (X)
> have to (90% 의무)   (X)
> should   (70% 의무)   (X)

근데, 마땅히 해야만 할 일(의무)을 퍼센트(%)로 계산해서 나타낼 수 있을까요? 말이 안 되죠. 이는 미국인들이 느낌으로만 알고 있는 모국어를 한국 학생들에게 가르치기 위해 만든 궁여지책일 뿐이에요. 그러니까 우리에게는 별 도움이 안 되는 거죠.

그럼, 한국인은 어떻게 가르칠까요?

> must   - 강한 의무   (꼭 해야 한다) (X)
> have to - 덜 강한 의무   (해야 한다) (X)
> should   - 권유   (해도 되고 안 해도 된다) (X)

그래도 미국인보다는 친절한 설명이죠? 근데, 이것만으로는 그 차이를 명확하게 이해하기는 어려워요. 그러니 미국인과 대화할 때, 상황에 맞게 정확한 어휘를 사용하지 않고 그냥 아무거나 대충 사용해 버리는 거예요.

> - You must go home.
>   너 집에 꼭 가야 해. (X) / 너 집에 가야만 해(돼). (O)
> - You have to go home.
>   너 집에 꼭은 아니지만 가야만 해. (X) / 너 집에 가야 돼. (O)
> - You should go home.
>   너 집에 가도 되고 안 가도 되지만 가는 게 나아. (X) / 너 집에 가(야)지. (O)

이제부터는 'must'는 '~야만 해(돼)'라고 해석하고, 'have to'는 '~야 돼'로 이해하고, 'should'는 '~(야)지'로 기억하세요. 그럼, 언제라도 미국인과 대화할 때 당황하지 않고, 올바른 영어를 구사할 수 있을 거예요.

● Summary 한번 정리해 보면

must { ~야만 해(돼)

have to ~ (has) { ~야 돼

should { ~(야)지

● Example

You must quit smoking!
너 담배 끊어야만 돼!

How many times do I have to tell you?
내가 몇 번을 말해야 되냐?

We should go home!
우리 집에 가야지!

must vs have to vs should

Practice 1
빡세지! 그래도 영작해 보자~

A: 우리 몇 시에 만나지?

B: 우리 일찍 만나야지!

A: 엄마! 점심 준비됐어?

B: 손 닦아야지 먼저!

A: 내가 왜 돈을 내지?

B: 네가 내야지 네 생일이니까!

A: 너무 멀어 사무실까지.

B: 차를 한 대 사야지!

A: 이제 약속을 지켜야지!

B: 무슨 약속? 내가 뭘 약속했나?

Composition 1
요렇게 하는 거라구~!!!

미쿡인은 절대 못 가르치는 영어
Anderson English

A: 우리 몇 시에 만나지?
What time should we meet?
B: 우리 일찍 만나야지!
We should meet early!

A: 엄마! 점심 준비됐어?
Mom! Is lunch ready?
B: 손 닦아야지 먼저!
You should wash your hands first!

A: 내가 왜 돈을 내지?
Why should I pay money?
B: 네가 내야지 네 생일이니까!
You should pay because it's your birthday!

A: 너무 멀어 사무실까지.
It's too far to my office.
B: 차를 한 대 사야지!
You should buy a car!

A: 이제 약속을 지켜야지!
Now you should keep the promise!
B: 무슨 약속? 내가 뭘 약속했나?
What promise? What did I promise?

must vs have to vs should

Practice 2
빡세지! 그래도 영작해 보자~

A: 나 오늘 소개팅(blind date) 있어.

B: 그래? 면도하고(shave), 샤워도 좀 하지(take a shower)!

A: 학생은 공부를 해야만 한단다.

B: 알아요! 하지만 그게 쉽지 않은 거 알잖아요!

A: 학생은 담배를 피우지 말아야만 해.

B: 왜 그렇죠? 이유를 말해 봐요!

A: 이제 너 직업도 있으니까, 장가가야지(get married)!

B: 그럼, 네가 나한테 여자 한 명 소개해 줘야지!

A: 너 정말 이래야 되냐?

B: 나도 어쩔 수가 없어(I can't help it). 네가 날 이해해야지!

Composition 2
요렇게 하는 거라구~!!!

미쿡인은 절대 못 가르치는 영어
Anderson English

A: 나 오늘 소개팅 있어.
   I have a blind date today.
B: 그래? 면도하고, 샤워도 좀 하지!
   You do? You **should** shave and take a shower!

A: 학생은 공부를 해야만 한단다.
   Students **must** study.
B: 알아요! 하지만 그게 쉽지 않은 거 알잖아요!
   I know! But you know that's not easy!

A: 학생은 담배를 피우지 말아야만 해.
   Students **must not** smoke.
B: 왜 그렇죠? 이유를 말해 봐요!
   Why is that? Tell me the reason!

A: 이제 너 직업도 있으니까, 장가가야지!
   Now you have a job. You **should** get married!
B: 그럼, 네가 나 여자 한 명 소개해 줘야지!
   Then, you **should** set me up with a girl!

A: 너 정말 이래야 되냐?
   Do you really **have to** do this?
B: 나도 어쩔 수가 없어. 네가 날 이해해야지!
   I can't help it. You **should** understand me!

must vs have to vs should

Practice 3
박세지! 그래도 영작해 보자~

A: 나 항상 피곤하고 머리 아파(have a headache).

B: 담배를 피우지 말아야지, 그럼!

A: 이 사이즈는 어때요?

B: 이거보다는 더 커야죠(지)!

A: 우리 얼마나 오래 기다려야 되나요?

B: 안 기다려도 돼요! 이쪽으로 오세요!

A: 나 어떡하지? 걔(his) 이메일이 기억 안 나!

B: 그럼, 네가 직접 걔한테 물어봐야지!

A: 남자 친구가 요즘 절 차갑게 대해요(give me the cold shoulders)!

B: 내가 뭐랬어(=거 봐)! 걔한테 잘해야지(be nice to~).

Composition 3
요렇게 하는 거라구~!!!

A: 나 항상 피곤하고 머리 아파.
   I'm always tired and have a headache.
B: 담배를 피우지 말아야지, 그럼!
   Then you **shouldn't** smoke!

A: 이 사이즈는 어때요?
   How about this size?
B: 이거보다는 더 커야죠(지)!
   It **should** be bigger than this!

A: 우리 얼마나 오래 기다려야 되나요?
   How long do we **have to** wait?
B: 안 기다려도 돼요! 이쪽으로 오세요!
   You **don't have to** wait! Come this way!

A: 나 어떡하지? 걔 이메일이 기억 안 나!
   What **should** I do? I don't remember his e-mail!
B: 그럼, 네가 직접 걔한테 물어봐야지!
   Then, you **should** ask him yourself!

A: 남자 친구가 요즘 절 차갑게 대해요!
   My boyfriend gives me the cold shoulders these days.
B: 내가 뭐랬어(거 봐)! 걔한테 잘해야지.
   I told you! You **should** be nice to him.

Part 3 - 3 not vs no

not

지금까지 많은 학생들을 가르쳐 봤지만, 'not'과 'no'를 정확히 구별하는 학생은 거의 없더군요. 그도 그럴 것이 'not'과 'no'를 항상 '부정문을 만들어 주는 것'이라고만 배웠으니, 굳이 그 뜻을 구분할 필요가 없었겠죠. 하지만 이렇게만 알고 있으면 미국인과의 대화에서 실수하게 되므로 제대로 알고 넘어가자고요.

노을로 하늘이 붉게 불들던 어느 날, 은근히 맘에 두었던 녀석이 수줍어하며 "I love somebody(나 누구를 좋아해)."라고 하는 거예요. 그 순간, 당신의 머릿속에는 오만 가지의 생각이 떠오르겠죠? 당신은 두근거리는 마음을 간신히 가라앉히며 "Me?"라고 물었어요. 근데, 그 녀석이 정색을 하고, 손사래를 치며 "Not you!"라고 말하는 거예요. 오~ 상상만으로도 손발이 오그라들죠?

다시 정신을 차리고, 여기서 "Not you!"는 무슨 뜻일까요? 너무 쉽죠? "너 말고!"라는 뜻이죠. 이처럼 'not'은 '~말고, ~아니야, ~아니고, ~아니라'는 의미로 쓰여요.

no

'no'에는 두 가지 뜻이 있어요. 그 중 하나는 zero 즉, '없다'라는 뜻이에요.
선생님이 "Do you have a question?(질문 있어요?)"라고 물으실 때, 질문 거리가 없으면 뭐라고 대답하면 되죠? 그렇죠. "No question!" 즉, "질문 없어요!"라고 하면 되죠.
또한 'no'에는 '금~', '안 돼'라는 뜻도 있어요.

- No smoking!   담배 피우는 거 안 돼!   → 금연
- No eating!   먹는 거 안 돼!   → 금식

여기서 잠깐, '~ing'는 무슨 뜻일까요? 열심히 공부한 친구들은 얼른 대답하는군요. Part 2의 chapter 3에서 배웠듯이 '~기', '~는 거'라는 의미예요.

하나 더, 'not'과 'no' 뒤에는 항상 '~ing'가 와야 한다는 사실! 만약, "No eat.", "No swim."이라고 하면 "먹어 안 돼.", "수영해 안 돼." 라는 말이 되거든요. 그러니 꼭 기억하세요

● Summary 한번 정리해 보면

Not ~ { ~ 말고 / ~ 아니야 / ~ 아니고 / ~ 아니라

No ~ { ~ 없어(다) / 금~, ~ 안 돼

● Example

Go this way! Not that way.
이쪽으로 가! 그쪽 말고.

Not because of you.
너 때문이 아니야(= 아니라, 아니고).

Not today how about tomorrow?
오늘 말고 내일 어때?

No water here!
물 없어 여기!

No parking here!
주차 안 돼요 여기! (주차금지)

not vs no

Practice 1
빡세지! 그래도 영작해 보자~

A: 제 이름은 원빈이에요 원반이 아니라.

B: 죄송해요. 제가 못 들었어요.

A: 너 매일 샤워해(take a shower)?

B: 매일은 아니고, 가끔.

A: 시간 없어. 그냥 가자.

B: 그래, 그러자.

A: 여러분! 휴가(vacation) 없어요 올해는.

B: 뭐 휴가가 없어? 말도 안 돼.

A: 몇 시에 내가 전화할까?

B: 너무 일찍은 말고. 나 늦게 일어나(get up, wake up : 일어나다).

Composition 1
요렇게 하는 거라구~!!!

미쿡인은 절대 못 가르치는 영어
Anderson English

A: 제 이름은 원빈이에요 원반이 아니라.
My name is 원빈 not 원반.
B: 죄송해요. 제가 못 들었어요.
I'm sorry. I didn't hear you.

A: 너 매일 샤워해?
Do you take a shower everyday?
B: 매일은 아니고, 가끔.
Not everyday, sometimes.

A: 시간 없어. 그냥 가자.
No time. Let's just go.
B: 그래, 그러자.
Ok, let's do that.

A: 여러분! 휴가 없어요 올해는.
Guys! No vacation this year.
B: 뭐 휴가가 없어? 말도 안 돼.
What? No vacation? No way.(=I can't believe it!)

A: 몇 시에 내가 전화할까?
What time shall I call you?
B: 너무 일찍은 말고. 나 늦게 일어나.
Not too early. I get up late.

not vs no

Practice 2
빡세지! 그래도 영작해 보자~

A: 우리 오늘 만나는 게 어때?

B: 내일이 좋아, 오늘 말고.

A: 2층(second floor) 맞죠?

B: 아니요, 제 사무실은 3층이에요, 2층이 아니라.

A: 아저씨, 일어나세요. 여기서 자는 건 안 돼요.

B: 나 생각하는 거야 자는 게 아니라.

A: 3시 괜찮아?

B: 2시는 어때 3시 말고. 3시는 너무 늦어.

A: 화장실 없어 여기?

B: 쭉 가셔서 좌회전 하세요(take a left = make a left).

Composition 2
요렇게 하는 거라구~!!!

미국인은 절대 못 가르치는 영어
Anderson English

A: 우리 오늘 만나는 게 어때?
   How about we meet today?
B: 내일이 좋아, 오늘 말고.
   Tomorrow is good, **not** today.

A: 2층 맞죠?
   Second floor, right?
B: 아니요, 제 사무실은 3층이에요, 2층이 아니라.
   No, my office is third floor, **not** second floor.

A: 아저씨, 일어나세요! 여기서 자는 건 안 돼요.
   Sir, get up! **No** sleeping here.
B: 나 생각하는 거야 자는 게 아니라.
   I'm thinking **not** sleeping.

A: 3시 괜찮아?
   Is 3'o clock ok?
B: 2시는 어때 3시 말고. 3시는 너무 늦어.
   How about 2 **not** 3. 3 is too late.

A: 화장실 없어 여기?
   No bathroom here?
B: 쭉 가셔서 좌회전 하세요.
   Go straight and take a left.

not vs no

Practice 3
빡세지! 그래도 영작해 보자~

A: 오른쪽이요?

B: 제가 왼쪽이라 했잖아요. 오른쪽이 아니라.

A: 여기 coffee요.

B: 내가 녹차라(green tea) 했잖아요 coffee가 아니라.

A: 오늘 TV 보는 거 안 돼. 너 약속했다(promise).

B: 나 그런 말 안 했어요.

A: 네 취미 자는 거지, 그치?

B: 아니, 내 취미는 먹는 거야 자는 게 아니라.

A: 너 나 때문에 화났어?

B: 아니, 너 때문이 아니라.

Composition 3
요렇게 하는 거라구~!!!

미쿡인은 절대 못 가르치는 영어
Anderson English

A: 오른쪽이요?
　Right?
B: 제가 왼쪽이라 했잖아요. 오른쪽이 아니라.
　I said left. **Not** right.

A: 여기 coffee요.
　Here is your coffee.
B: 내가 녹차라 했잖아요 coffee가 아니라.
　I said green tea **not** coffee.

A: 오늘 TV보는 거 안 돼. 너 약속했다.
　No watching TV today. You promised.
B: 나 그런 말 안 했어요.
　I **didn't** say that.

A: 네 취미 자는 거지, 그치?
　Your hobby is sleep**ing**, right?
B: 아니, 내 취미는 먹는 거야 자는 게 아니라.
　No, my hobby is eat**ing not** sleep**ing**.

A: 너 나 때문에 화났어?
　Are you angry because of me?
B: 아니, 너 때문이 아니라.
　No, **not** because of you.

미국인은 절대 못 가르치는 영어
Anderson English

Part 3 - **4 maybe vs probably**

maybe vs probably

'maybe'와 'probably'의 차이에 대해 미국인이 가르치는 것을 들어보면,

```
maybe        (50~60% 의 가능성)  (X)
probably     (80~90% 의 가능성)  (X)
```

이라고 설명해요. 근데, 이런 설명으로 'maybe'와 'probably'의 미묘한 뉘앙스의 차이를 알 수 있을까요?

가령, 길거리에 만난 엄마 친구가 "엄마 집에 계시니?"라고 물어봤어요. 분명 이 시간이면 엄마는 집에 계시겠지만, 오늘은 일이 있어서 나가셨을지도 모른다는 생각이 들었어요. 이럴 경우, 엄마가 집에 계실 가능성을 수치로 계산해서 55%가 나오면 'maybe'를 쓰고, 80%가 나오면 'probably'를 써야 할까요? 말이 안 되죠. 이래서야 어디 영어 공부 하겠어요?

그러니까 미국인들이 그 차이를 자연스럽게 느끼듯이, 우리도 그냥 쉽게 접근하자고요. 'maybe'는 '그럴 수도 있고, 안 그럴 수도 있다'는 뜻이고, 'probably'는 '십중팔구는 확실하다'는 의미일 때 사용하면 되는 거예요. 이래도 헷갈린다고요? 그럼, 구체적인 문장을 통해 공부해보도록 하죠.

```
Maybe she is at home.              (어쩜) 걔 집에 있을지도 몰라.
Maybe she was at home.             (어쩜) 걔 집에 있었을지도 몰라.

Probably she is (probably) at home.    (아마) 걔 집에 있을 걸(거야).
Probably she was (probably) at home.   (아마) 걔 집에 있었을 걸(거야).
```

이처럼 'maybe'는 '(어쩜) ~지도 몰라'라고 이해하고, 'probably'는 '(아마) ~걸(거야)'이라고 해석하면 이 두 단어의 차이도 쉽게 알 수 있고 기억하기도 수월할 거예요. 그러나 이렇게 우리말로 정확하게 정리해 놓지 않으면 미국인과 대화할 때 자꾸 문법만 생각나서 꿀 먹은 벙어리가 되고 말지요.

● Summary 한번 정리해 보면

Maybe ~ { 어쩜 ~ 지도 몰라

Probably ~ { 아마 ~ 걸
아마 ~ 거야

● Example

Maybe she knows.
(어쩜) 걔가 알지도 몰라.

Maybe she didn't know.
(어쩜) 걔 몰랐을지도 몰라

Maybe I have to go.
(어쩜) 나 가야 될지도 몰라.

Probably this is yours! (This is probably yors)
(아마) 이거 네 것일 걸!

Probably you don't have to come. (You probably don't have to come)
(아마) 너 안 와도 될 거야.

maybe vs probably

Practice 1
빡세지! 그래도 영작해 보자~

A: 사장님 어디 있어요?

B: (아마) 화장실에 있을 걸요!

A: 무슨 요일이야 오늘?

B: 아마 월요일일 걸.

A: 기다려 봐! 쟤(he)가 낼지도 몰라.

B: 아닌 거 같은데.

A: 너 네 여자 친구랑 싸웠냐?

B: 응, 걔 아마 울고 있을 거야.

A: 걔(he)는 여자들을 안 좋아해.

B: (어쩜) 걔 게이 일지도 몰라.

Composition 1
요렇게 하는 거라구~!!!

미쿡인은 절대 못 가르치는 영어
Anderson English

A: 사장님 어디 있어요?
   Where is your boss?
B: (아마) 화장실에 있을 걸!
   Probably he is **(probably)** in the bathroom.

A: 무슨 요일이야 오늘?
   What day is (it) today?
B: 아마 월요일일 걸.
   Probably it's **(probably)** monday.

A: 기다려 봐! 쟤가 낼지도 몰라.
   Wait and see! **Maybe** he'll pay(= he's going to pay).
B: 아닌 거 같은데.
   I don't think so.

A: 너 네 여자 친구랑 싸웠냐?
   Did you fight with your girlfriend?
B: 응, 걘 아마 울고 있을 거야.
   Yes, **probably** she is **(probably)** crying.

A: 걔는 여자들을 안 좋아해.
   He doesn't like girls.
B: (어쩜) 걘 게이 일지도 몰라.
   Maybe he is a gay.

maybe vs probably

Practice 2
빡세지! 그래도 명작해 보자~

A: 너 올 수 있니 내 생일 파티에?

B: (어쩜) 나 못 갈지도 몰라. 너 내가 얼마나 바쁜지 알잖아.

A: (어쩜) 너 돈 안 내도 될지도 몰라.

B: 정말? 잘 됐네. 그럼, 그냥 갈게!

A: (아마) 네가 미안하다고 해야 될 거야!

B: 왜! 왜 내가 그래야 되냐?

A: 이런, 나 지갑을 깜빡했어(forget-forgot)!

B: 괜찮아. 아마 쟤(he)가 낼 거야!

A: 나 버스 타야 되지(take the bus), 그치?

B: 어쩜 걷는 게 더 빠를지도 몰라.

Composition 2
요렇게 하는 거라구~!!!

A: 너 올 수 있니 내 생일 파티에?
   Can you come to my birthday party?
B: (어쩜) 나 못 갈지도 몰라. 너 내가 얼마나 바쁜지 알잖아.
   Maybe I can't go. You know how busy I am.

A: (어쩜) 너 돈 안 내도 될지도 몰라.
   Maybe you don't have to pay.
B: 정말? 잘 됐네. 그럼, 그냥 갈게!
   Really? It's good. I**'ll** just go!

A: (아마) 네가 미안하다고 해야 될 거야!
   Probably you('ll) have to say "sorry".
B: 왜! 왜 내가 그래야 되냐?
   Why! Why do I **have to** do that(= Why should I do that)?

A: 이런 나 지갑을 깜빡했어!
   Gee, I forgot my wallet!
B: 괜찮아. 아마 쟤가 낼 거야!
   No problem. **Probably** he'll **(probably)** pay!

A: 나 버스 타야 되지, 그치?
   I **have to(should)** take the bus, right?
B: 어쩜 걷는 게 더 빠를지도 몰라.
   Maybe walking is(=will be) faster.

maybe vs probably

Practice 3
박세지! 그래도 영작해 보자~

A: 어쩜 나 못 갈지도 몰라!

B: 에이~ 너 안 바쁜 거 알아!

A: 걔가 (she) 나 좋아하는 거 같아 (think).

B: 아마 아닐 걸.

A: 어쩜 걔들 (they) kiss 했을지도 몰라 영화 보면서.

B: 확실해?

A: 너 시험 어떻게 됐어? (how did ~go ? : ~어떻게 됐어?)

B: 어쩜 나 떨어질지도 (fail) 몰라.

A: 걔 (she) 뭐 하고 있어?

B: 아마 걔 샤워하고 (take a shower) 있을 걸.

Composition 3
요렇게 하는 거라구~!!!

미국인은 절대 못 가르치는 영어
Anderson English

A: 어쩜 나 못 갈지도 몰라!
Maybe I can't go!
B: 에이~ 너 안 바쁜 거 알아!
Come on, I know you're not busy!

A: 걔가 나 좋아하는 거 같아.
I **think** she likes me.
B: 아마 아닐 걸.
Probably not.

A: 어쩜 걔들 kiss 했을지도 몰라 영화 보면서.
Maybe they kissed watching the movie.
B: 확실해?
Are you sure?

A: 너 시험 어떻게 됐어?
How did your exam go?
B: 어쩜 나 떨어질지도 몰라.
Maybe I'll fail.

A: 걔 뭐 하고 있어?
What is she doing?
B: 아마 걔 샤워하고 있을 걸.
Probably she is **(probably)** taking a shower.

미국인은 절대 못 가르치는 영어
Anderson English

Part 4
이 정도는 알아야지!

미국인과의 대화에서 가장 필요한 표현들을 콕 집어 연습해 봐요.

미쿡인은 절대 못 가르치는 영어
Anderson English

Part 4 - **1 Come on, Gee**

Come on

"Come on." 드라마나 영화를 보면 정말 많이 나오는 말이죠. 그럼, 영화의 한 장면을 상상해 볼까요?

어두운 밤, 저쪽에서 팔뚝에 용 문신을 하고, 눈썹과 입술에 piercing을 한 남자가 걸어오고 있어요. 그의 존재를 모른 채, 여친과 길을 걷던 주인공은 그만 그와 부딪히고 말았죠. 눈을 부라리며 그가 말했어요. "뭐야? 너 혼 좀 나 볼래? Come on(자(=어서)! 덤벼.)"

근데, 멋지게 생긴 우리의 주인공은 얼굴만 믿고 공부를 안 했던 게 분명해요. 글쎄, 이렇게 급박한 상황에서 "위에 오라고? 무슨 말이야?"라고 하는 거예요. 참 한심하죠? 여기서 "Come on."은 무슨 뜻일까요? 그래요. '자!', '어서!'라는 말로, '주저 말고, 머뭇거리지 말고'라는 뜻이죠.

이를 지켜보던 주인공의 여친도 무식한 주인공이 창피했지만, 우선은 무서운 그를 보내야겠다고 생각했어요. "Come on, 죄송해요. 그러니깐 봐 주세요." 그러자, 생긴 건 무섭지만 영어 공부를 좀 했던 그는 여자의 말에 순순히 물러났어요. 여기서의 "Come on."은 무슨 뜻일까요? 그래요. "에이~ (왜 그래요)."라는 뜻이에요. 결국, 그녀는 무식한 주인공의 곁을 떠나고 말았죠. 이 슬픈 이야기의 교훈은 뭘까요? 바로 'Come on'에는 '에이~, 어서, 자' 이렇게 세 가지 뜻이 있다는 거예요.

Gee

그럼 'Gee!'는 뭘까요? 혹시, '젠장'이라는 욕으로 알고 있지는 않나요?

"Gee, look at that girl! Awesome!(야, 야! 저 여자 좀 봐. 끝내주는데!)"라는 말이 끝나기가 무섭게 고개를 돌린 친구가 그녀를 보더니 "Gee!"라고 했어요. 무척 예뻤나 보군요. "이런!"이라고 하면서 감탄하고 있으니 말이에요.

근데, "이런!"이라는 말이 항상 좋은 뜻으로 쓰이는 건 아니에요. 끝을 내리면 실망할 때나 짜증날 때의 "이런~", "아~ 나."라는 뜻이 되거든요. "Gee~. I forgot my wallet."이라고 하면 "아~ 나. 지갑 깜빡했어." 또는 "이런, 나 지갑 깜박했어."라는 뜻이 돼요.

하나 더, 우리말에도 "엄마야!"나 "아이고, 아부지!" 이런 말이 있잖아요. 이때도 그냥 "Gee!"라고 하면 돼요. 미국인들은 "Mother?", 또는 "Father?" 이렇게 안 하니 명심하세요.

● Summary 한번 정리해 보면

Come on! { 어서 / 자

Come on~ { 에~이

Gee! { 감탄 { 이런 / 엄마야!, 아이고
       실망 { 이런 / 아~나

● Example

Come on! Hurry up!
어서(자)! 움직여!

Gee~, I made a mistake!
아~나, 나 실수했어!

Gee! I can't believe it!
이런! 말도 안돼!

Come on, Gee

Practice 1
빡세지! 그래도 영작해 보자~

A: 나 정말 집에 가야 돼.

B: 에이~ 딱(just) 한 병만.

A: 아~ 나 지갑을 잃어버렸어(lose -lost).

B: 에이~ 장난하는 거지, 그치?

A: 자 어서~ 움직여(move it) 시간 없어.

B: 에이~ 나 다리 다쳤어(hurt).

A: 저 다리를 다쳤어요.

B: 어서 일어서. 할 수 있어. 자신감을 좀 가져(have some confidence).

A: 너 또 늦었다.

B: 에이~ 이번이 처음이잖아. 다신 안 늦을게.

Composition 1
쉽게 하는 거라구~!!!

A: 나 정말 집에 가야 돼.
   I really **have to** go home.
B: 에이~ 딱 한 병만.
   Come on, just one bottle.

A: 아~ 나 지갑을 잃어버렸어.
   Gee, I lost my wallet.
B: 에이~ 장난하는 거지, 그치?
   Come on, you're kidding, **right**?

A: 자 어서~ 움직여 시간 없어.
   Come on, move it (we have) no time.
B: 에이~ 나 다리 다쳤어.
   Come on, I hurt my leg.

A: 저 다리를 다쳤어요.
   I hurt my leg.
B: 어서 일어서. 할 수 있어. 자신감을 좀 가져.
   Come on stand up. You can do it. Have some confidence.

A: 너 또 늦었다.
   You're late again.
B: 에이~ 이번이 처음이잖아. 다신 안 늦을게.
   Come on, this is my first time. I **won't** be late again.

Come on, Gee

Practice 2
빡세지! 그래도 영작해 보자~

A: 너 과속하고(overspeed) 있잖아. 속도 줄여(slow down).

B: 에이~ 겨우(only) 시속 150km이야.

A: 이런(아~ 나) 차안에 지갑을 놔두고(leave-left) 왔어.

B: 에이~ 말도 안 돼. 어서! 지갑 꺼내(take out).

A: 나 이거 사도 돼?

B: 에이~ 너무 비싸.

A: 너 돈 내야 돼 이번에는.

B: 야~ 나 돈 없는 거 알잖아.

A: 미안한데 난 돈 없어.

B: 에이~ 나 너 돈 있는 거 알아.

Composition 2
요렇게 하는 거라구~!!!

미쿡인은 절대 못 가르치는 영어
Anderson English

A: 너 과속하고 있잖아. 속도 줄여.
   You're over speeding. Slow down.
B: 에이~ 겨우 시속 150km이야.
   Come on, It's only 150km per hour.

A: 이런(아~ 나) 차안에 지갑을 놔두고 왔어.
   Gee, I left my wallet in the car.
B: 에이~ 말도 안 돼. 어서! 지갑 꺼내.
   Come on, I can't believe It. **Come on**! Take out your wallet.

A: 나 이거 사도 돼?
   Can I buy this?
B: 에이~ 너무 비싸.
   Come on, it's too expensive.

A: 너 돈 내야 돼 이번에는.
   You **have to** pay this time.
B: 야~ 나 돈 없는 거 알잖아.
   Come on, You know I don't have money.

A: 미안한데 난 돈 없어.
   Sorry but I don't have money.
B: 에이~ 나 너 돈 있는 거 알아.
   Come on, I know you have money.

Come on, Gee

Practice 3
빡세지! 그래도 영작해 보자~

A: 저 떨려요 (nervous).

B: 자! 그냥 해봐.

A: 차 대세요. 차 세워요. (pull over~ : 차를 가장자리에 대다)

B: 이런~ 내 이럴 줄 알았어.

A: 자 먹어.

B: 이런 내가 김치 안 좋아한다고 했잖아.

A: 너 나랑 결혼할래?

B: 야~ 나 남자 친구 있는 거 알잖아.

A: 나한테 다신 전화하지 마! 알았어?

B: 에이~ 내가 미안하다고 했잖아.

Composition 3
요렇게 하는 거라구~!!!

미국인은 절대 못 가르치는 영어
Anderson English

A: 저 떨려요.
   I'm nervous.
B: 자! 그냥 해봐.
   Come on! Just try.

A: 차 대세요! 차 세워요!
   Pull over the car. Stop the car.
B: 이런~ 내 이럴 줄 알았어.
   Gee, I knew it.

A: 자 먹어.
   Come on, eat.
B: 이런 내가 김치 안 좋아한다고 했잖아.
   Gee, I said I don't like 김치.

A: 너 나랑 결혼할래?
   Will you marry me?
B: 야~ 나 남자 친구 있는 거 알잖아.
   Come on, you know I have a boyfriend.

A: 나한테 다신 전화하지 마! 알았어?
   Don't(never) call me again! Got it?
B: 에이~ 내가 미안하다고 했잖아.
   Come on, I said I'm sorry.

Part 4 - 2 Excuse me, Sorry

Excuse me

"Excuse me."는 항상 "실례합니다."일까요? 아니죠. 상황과 억양에 따라 그 의미와 뉘앙스가 조금씩 달라요.

근사한 중국 음식점에 가서, 오랜만에 맛보는 산해진미를 허겁지겁 먹다보니 느끼함이 밀려오네요. 이때 입안을 깔끔하게 정리해 주는 단무지가 생각난다면, 종업원에게 "Excuse me! Can I have some 단무지?"라고 하면 돼요. 이 말을 우리가 알던 대로 해석하면 "실례합니다. 단무지 좀 주세요."가 되는데요. 단무지를 달라고 하는 것이 예의에 어긋난 일은 아니잖아요? 그러니까 그냥 "저기요! 단무지 좀 주세요!"라고 이해하면 되는 거죠.

근데, 종업원이 뒤돌아보면서 "Excuse me?"(／말끝을 올림)라고 하는 거예요. 그럼, 이 말은 "실례합니다?／"라는 뜻일까요? 좀 어색하죠. 바쁘게 일하느라 당신의 말을 알아듣지 못한 종업원이 "뭐라고요?"라고 되묻는 거예요. 그러니깐 이럴 때는 상냥하게 웃으며 단무지를 달라고 다시 말하면 당신의 예의 바른 모습에 종업원은 단무지를 더 많이 갖다 주겠죠?

Sorry

"(I'm) sorry."도 항상 "미안해"라는 뜻은 아니에요.

오랜만에 친구를 만났는데, 친구의 얼굴이 많이 상한 거예요. 그래서 물어 봤죠. "What's wrong? What happened?" 근데, 그 친구가 "My grandmother passed away.(할머니 돌아가셨어.)"라고 하는 거예요. 상심한 친구를 보니 마음이 아파서 위로의 말이라도 해줘야겠다고 생각했는데, 갑자기 무슨 말을 해야 할지 떠오르지 않는 거예요. 이럴 때는 뭐라고 해야 하죠? 그렇죠. 그냥, "Oh! I'm sorry.＼"라고 하면 되는 거예요. 여기서는 "미안해."라는 뜻이 아니라, "(저런) 안 됐다(네)."라는 뜻이거든요.

하나 더, 끝을 올려서 "(I'm) sorry.／"라고 하면 "Excuse me.／"처럼 "뭐라고요?"라는 뜻이 되니 미국인과 대화할 때 당황하지 마세요.

● Summary 한번 정리해 보면

Excuse me
- 실례합니다
- ↘ 저기요
- ↗ 뭐라고요?

I'm sorry
- 미안해요
- ↘ 안 됐네요
- ↗ 뭐라고요?

● Example

Excuse me. Is nobody here?
저기요. 아무도 없어요?

I'm sorry about your father.
네 아버지 일은 안 됐다.

I'm sorry? Can you say that again?
뭐라구요? 다시 한 번 말해줄 수 있나요?

Excuse me, Sorry

Practice 1
박세지! 그래도 영작해 보자~

A: 저기요, 화장실 어디인지 아세요?

B: 여기 화장실 없어요!

A: 저기요. 강남역에 어떻게 가나요?

B: 뭐라고요? 무슨 역이요?

A: 나 AIDS 걸렸어(get AIDS).

B: 저런 (안 됐군요). 어떻게 걸렸어?

A: 제 발 밟았어요(step on my foot)!

B: 뭐라고요? 못 들었어요!

A: 제 발 밟았어요!

B: 미안해요. 못 봤어요!

Composition 1
요렇게 하는 거라구~!!!

미쿡인은 절대 못 가르치는 영어
Anderson English

A: 저기요, 화장실 어디인지 아세요?
Excuse me, Do you know where the bathroom is?
B: 여기 화장실 없어요!
No bathroom here.

A: 저기요. 강남역에 어떻게 가나요?
Excuse me, how do I go to 강남 station?
B: 뭐라고요? 무슨 역이요?
I'm sorry(=excuse me)? What station?

A: 나 AIDS 걸렸어.
I got AIDS.
B: 저런 (안 됐군요). 어떻게 걸렸어?
I'm sorry, how did you get it?

A: 제 발 밟았어요!
You stepped on my foot!
B: 뭐라고요? 못 들었어요!
I'm sorry(=excuse me)? I didn't hear you!

A: 제 발 밟았어요!
You stepped on my foot!
B: 미안해요. 못 봤어요!
I'm sorry. I didn't see it!

Excuse me, Sorry

Practice 2
빡세지! 그래도 열작해 보자~

A: 저기요, 선풍기(a fan) 찾고 있는데요.

B: pan이라고 하셨어요? 아님 fan이라고 하셨어요?

A: 어제 일은 미안하다(sorry about~).

B: 너 미안해 하지 않아도 돼!

A: 전화 안 해서 미안해.

B: 뭐라고요?

A: 네 여자 친구 일은 안 됐다!

B: 난 괜찮아! 나 다른 여자 친구 있어!

A: 너 정말 미안해?

B: 내가 그 회의 건은 미안하다고 했잖아.

Composition 2
요렇게 하는 거라구~!!!

미쿡인은 절대 못 가르치는 영어
Anderson English

A: 저기요, 선풍기 찾고 있는데요.
   Excuse me, I'm looking for a fan.
B: pan이라고 하셨어요? 아님 fan이라고 하셨어요?
   You said 'pan'? or 'fan'?

A: 어제 일은 미안하다.
   I'm sorry about yesterday.
B: 너 미안해 하지 않아도 돼!
   You **don't have to** be sorry!

A: 전화 안 해서 미안해.
   I'm sorry for not calling.
B :뭐라고요?
   Excuse me(=I'm sorry)?

A: 네 여자 친구 일은 안 됐다!
   I'm sorry about your girlfriend!
B: 난 괜찮아! 나 다른 여자 친구 있어!
   I'm fine! I have another girlfriend!

A: 너 정말 미안해?
   Are you really **sorry**?
B: 내가 그 회의 건은 미안하다고 했잖아.
   I said **I'm sorry** about the meeting.

Excuse me, Sorry

Practice 3
빡세지! 그래도 영작해 보자~

A: 어제 일은 미안하다. 내가 깜박했다(forget-forgot).

B: 나 너랑 얘기하고 싶지 않아. 내 눈 앞에서 사라져(get out of my sight)!

A: 난 네가 불쌍해(안 됐어)(feel sorry for ~)! 왜인지 알아?

B: 왜? 내가 혼자 살아서?

A: 내가 닥치라고 해서 미안해(sorry for~ ing)!

B: 뭐라고요?

A: 저기요! 아무도 없어요 여기?

B: 네. 가요! 누구 찾으세요(look for)?

A: 내가 전화 안 해서 미안해(sorry for not ~ing).

B: 난 이해해. 너 바쁜 거 알아.

Composition 3
요렇게 하는 거라구~!!!

미쿡인은 절대 못 가르치는 영어
Anderson English

A: 어제 일은 미안하다. 내가 깜박했다.
I'm sorry about yesterday. I forgot.
B: 나 너랑 얘기하고 싶지 않아. 내 눈 앞에서 사라져!
I don't want to talk with you, get out of my sight!

A: 난 네가 불쌍해(안 됐어)! 왜인지 알아?
I **feel sorry for** you! You know Why?
B: 왜? 내가 혼자 살아서?
Why? Because I live alone?

A: 내가 닥치라고 해서 미안해!
I'm sorry for saying "shut up"!
B: 뭐라고요?
I'm sorry(=excuse me)?

A: 저기요! 아무도 없어요 여기?
Excuse me! Is nobody here?
B: 네. 가요! 누구 찾으세요?
Yes. I'm coming! Who are you looking for?

A: 내가 전화 안 해서 미안해.
I'm sorry for not calling you.
B: 난 이해해. 너 바쁜 거 알아.
I understand. I know you're busy.

Part 4 - ③ Right

Right

    'right' 하면 보통 '맞아' 또는 '오른쪽' 밖에 안 떠오르죠? 그래서는 절대 말문이 안 터져요. 친구 집에 놀러 갔는데, 집안이 난장판이네요. 앉을 만한 곳을 찾아 한참을 서성이다가 "나 어디 앉아?"라고 물었어요. 그제야 친구가 "Right there."라고 하는 거예요. 이 말에 "오른쪽 어디?"라고 물어보면 친구가 무척 황당하겠죠? 여기서의 "Right there."은 "바로 저기."라는 말로, 'right'는 '바로'라는 뜻이에요.

    워낙 집이 지저분해서 그나마 깨끗한 곳을 찾아 엉거주춤하게 앉아 있으니깐, 당신의 마음을 알 리 없는 친구가 "What's wrong? Sit up right!"라는 거예요. 이번에도 오른쪽으로 앉으라고 하는 말로 이해했나요? 이번에는 "왜 그래? 똑바로 앉아."라는 말로 알아들었어야 해요.

    근데, 'right'는 문장의 맨 끝에서 또 다른 의미로도 쓰여요.

    친구네 집에 들어 올 때부터 '괜히 왔다.' 싶었는데, 배까지 고프니 슬슬 짜증이 나기 시작하네요. 근데, 친구가 내 속을 들여다 본 것처럼 "You are hungry, right?"라고 물었어요. 배고프냐는 말인 듯한데, 이번에도 또 'right'가 쓰였네요. 이번에는 "그치?"라는 말로 쓰였어요. 여기서 중요한 건 친구의 억양이에요. 친구는 이미 당신이 배고픈 것을 알고 확인하는 것이기 때문에, 문장의 끝을 내렸다가 'right'에서 살짝 올려서 말한 거예요. 안절부절못하는 내 모습을 보고, 집에 갈 시간이 되었다는 것을 알아차린 친구의 이 말처럼요.

> - You have to go home, right?   너 집에 가야 되지(가야 되잖아), 그치?

그럼, 아래의 두 문장 중에서 뭐가 듣기 좋을까요?

> - Are you tired, right?   너 피곤하니, 그치?
> - You are tired, right?   너 피곤하지(잖아), 그치?

    그래요. "너 피곤하지, 그치?"가 더 자연스러운 문장이에요.

    하나 더, 'right' 말고도 많이 쓰는 게 바로 "Huh?"에요. 우리말로 하자면 "어?"라는 말이죠. 여기서 주의할 점은 영어에는 존댓말이 없다고는 하나, "Huh?"는 편한 사이에서 쉽게 주고받는 말이니 상대를 봐가면서 써야 해요.

    여기서 잠깐! 우리가 흔히 알고 있는 부가의문문, 'aren't you?', 'don't you?' 등은 가급적 사용하지 마세요. 외국인이 말할 때 알아듣기만 하면 되거든요.

● Summary 한번 정리해 보면

Right
{
오른쪽

바로

똑바로

★ 맞아

★ 그치?
}

● Example

I'm right, you're left.
나는 오른쪽이고, 넌 왼쪽이야.

Call me right now.
전화해 바로 지금.

Do your job right.
일 똑바로 해.

I'm right, you're wrong.
내가 맞아, 네가 틀렸어.

You're crazy, right?
너 미쳤지, 그치?

Right

Practice 1
박세지! 그래도 영작해 보자~

A: 너 오늘 집에 안 가도 되지, 그치(= 어)?

B: 너 미쳤지, 그치(= 어)?

A: 오늘 많이 덥죠, 그치(= 어)?

B: 네, 그런 거 같아요.

A: 내가 오늘 밤 전화해도 돼?

B: 너 나한테 반했지, 그치(=어)? (get(have) a crush on 사람 : ~에게 반하다)

A: 너 남자 친구 없지, 그치? 나 어때?

B: 내가 남자 친구 없는 거 같아?

A: 너 생일 파티 올 거지, 그치(= 어)?

B: 생각해 볼게! 몇 시였지?

Composition 1
요렇게 하는 거라구~!!!

A: 너 오늘 집에 안 가도 되지, 그치(= 어)?
You **don't have to** go home, right?
B: 너 미쳤지, 그치(= 어)?
You're crazy, **right**?

A: 오늘 많이 덥죠, 그치?
It's very hot today, **right**?
B: 네, 그런 거 같아요.
Yes, **I think** so.

A: 내가 오늘 밤 전화해도 돼?
Can I call you tonight?
B: 너 나한테 반했지, 그치(=어)?
You got a crush on me, **right**?

A: 너 남자 친구 없지, 그치? 나 어때?
You don't have a boyfriend, **right**? How about me?
B: 내가 남자 친구 없는 거 같아?
Do you think I don't have a boyfriend?

A: 너 생일파티 올 거지, 그치(= 어)?
You're gonna come to my birthday party, **right**?
B: 생각해 볼게! 몇 시였지?
I**'ll** think about it! What time was it?

Right

Practice 2
빡세지! 그래도 영작해 보자~

A: 너 걔(him)한테 안 물어봤지, 그치?

B: 미안 깜빡했어! 지금 전화할게!

A: 우리 여기서 자야 되지, 그치?

B: 아니요, 화장실에서 자도 돼요!

A: 우리 버스 탈 거지(take). 그치(= 어)?

B: 왜? 너 걷는 거 좋아해 아님, 돈 없어?

A: 너 지금 울고 있지, 그치(= 어)?

B: 아니야, 나 지금 코 파고(pick) 있어!

A: 너 수영 못하지, 그치? 물을 무서워 해?

B: 응, 그래서 나 물 대신(instead) 우유 마셔!

Composition 2
요렇게 하는 거라구~!!!

미쿡인은 절대 못 가르치는 영어
Anderson English

A: 너 걔한테 안 물어봤지, 그치?
You didn't ask him, **right**?

B: 미안 깜빡했어! 지금 전화할게!
Sorry I forgot! I**'ll** call now!

A: 우리 여기서 자야 되지, 그치?
We have to sleep here, **right**?

B: 아니요, 화장실에서 자도 돼요!
No, you **can** sleep in the bathroom!

A: 우리 버스 탈 거지, 그치(= 어)?
We**'re gonna** take the bus, **right**?

B: 왜? 너 걷는 거 좋아해 아님, 돈 없어?
Why? You like walk**ing(=to walk)** or don't have money?

A: 너 지금 울고 있지, 그치(=어)?
You're cry**ing, right**?

B: 아니야, 나 지금 코 파고 있어!
No, I'm pick**ing** my nose!

A: 너 수영 못하지, 그치? 물을 무서워 해?
You **can't** swim, **right**? Are you scared of water?

B: 응, 그래서 나 물 대신 우유 마셔!
Yes, so I drink milk instead of water!

Right

Practice 3
빡세지! 그래도 영작해 보자~

A: 너 배고팠었지, 그치?

B: 아니야, 그렇게(so that) 배고프진 않았어.

A: 영어 포기(give up) 안 할 거잖아, 그치?

B: 사실 포기하려고 했었어 근데 마음을 바꿨어(change my mind).

A: 너 자고 있었지, 그치?

B: 아니야, 그냥 네 생각하고 있었어!

A: 너 내가 얼마나 사랑하는지 알지, 그치(= 어)?

B: 아니, 몰라 증명해(prove it) 봐! 여기서 뛰어 내릴(jump off) 수 있어?

A: 내가 너한테 전에 말했지(tell-told), 그치?

B: 응, 그런 거 같아!

Composition 3

요렇게 하는 거라구~!!!

Anderson English

A: 너 배고팠었지, 그치?
　You were hungry, **right**?
B: 아니야, 그렇게 배고프진 않았어.
　No, I wasn't so(that) hungry.

A: 영어 포기 안 할 거잖아, 그치?
　You**'re not going to** give up English, **right**?
B: 사실 포기하려고 했었어 근데 마음을 바꿨어.
　Actually I **was going to** give up but I changed my mind.

A: 너 자고 있었지, 그치?
　You were sleep**ing**, **right**?
B: 아니야, 그냥 네 생각하고 있었어!
　No, I was just think**ing** about you!

A: 너 내가 얼마나 사랑하는지 알지, 그치?
　You know how much I love you, **right**?
B: 아니, 몰라 증명해 봐! 여기서 뛰어내릴 수 있어?
　No, prove it! Can you jump off here?

A: 내가 너한테 전에 말했지, 그치?
　I told you before **right**?
B: 응, 그런 거 같아!
　Yes, I think so!

Part 4 - 4 Idoms

- a piece of cake (케익 한 조각) - 누워서 떡 먹기, 식은 죽 먹기

- a pie in the sky (하늘의 파이) - 그림의 떡

- I'm broke. - 개털, 빈털터리

- get cold feet (발이 차가워지다) - 겁먹다, 쫄았다

- chicken feed (닭 모이) - 껌값이야, 쥐꼬리

- I'll eat my hat. (내가 모자 먹을게) - 손에 장을 지질게

- give me the cold shoulder (차가운 어깨를 주다 → 찬바람이 불다) - 쌀쌀맞다

- He is all talk. (걔는 다 얘기) - 말뿐이다.

- Nature calls me. (자연이 부른다) - 화장실 가고 싶어.

- kick your ass (엉덩이를 차다) - 혼찌검을 내다, 귓방망이를 날리다

- have a big mouth (입이 크다) - 입이 싸다

- It's raining cats dogs. - 비가 억수같이 온다.(영국에서 유래)

- drink like a fish (물고기처럼 마시다) - 술고래

- dump me - 차다(남녀 관계에서 일방적으로 관계를 끊다.)

- stand me up (날 서 있게 하다) - 바람맞히다

- walk in my shoes (내 신발로 걸어봐) - 내 입장이 돼봐

- tied up (묶였어) - 꼼짝도 못 해(=바쁘다)

- Don't be a square. (사각형 되지 마.) - 답답하게 굴지 마. 꽉 막힌 소리하지 마.
- It's on the tip of my tongue. (혀끝에 있다) - 혀끝에서 맴돈다(생각 안 남).
- My lips are sealed. (내 입술 꿰맸어) - 나 입 무거워.
- You have a big head. (너 머리 크다) - 네 팔뚝 굵다.
- He is 'gulible'. ('걸리버'처럼 귀가 크다, '걸리버'스럽다) - 귀가 얇아. 잘 속아.
- Sue me. (날 고소해) - 배 째!
- Are you cross? (너 십자가?) - 삐쳤냐?
- I'll teach(give) you lesson. = He needs lesson. - 걔 손 좀 봐야 돼! 손 봐 줄게.
- Are you gonna crash here? - 여기서 잘 거야?
- Let it go(pass). - 그냥 넘어가자(대화내용을 바꾸자).
- bottoms up (바닥 위로) - 원 샷
- I got a crush on her. (너한테 부서짐을 가지고 있다) - 너한테 반했어. 뿅갔어.
- black out (온통 까매) - 정전됐어, 나 필름 끊겼어
- Don't butter me up! (버터 바르지 마!) - 아부하지 마. 알랑방구 끼지 마.
- I see red. (빨강이 보여.) - 나 눈 뒤집혔어(열 받았어).
- Business is business. (비즈니스는 비즈니스야) - 공과 사는 구분해야지.

Anderson English 217

Idoms

Practice 1
빡세지! 그래도 영작해 보자~

A: 너 왜 울고 있어?

B: 남자 친구가 나 바람 맞혔어요!

A: 너 왜 소주 마시고 있어?

B: 남자 친구가 저를 찼어요!

A: 걔(her)한테 말 하지 마. 걔 입 싸!

B: 그래! 절대 안 말할게!

A: 네가 김태희랑 결혼하면 내가 손에 장을 지질게.

B: 정말? 너 약속했다! 식은 죽 먹기지!

A: 정신 차려(get real)! 걔(she)는 그림의 떡이야!

B: 내가 못할 거 같아? 두고 봐!

Composition 1
요렇게 하는 거라구~!!!

A: 너 왜 울고 있어?
Why are you crying?
B: 남자 친구가 나 바람 맞혔어요!
My boyfriend **stood me up**!

A: 너 왜 소주 마시고 있어?
Why are you drinking 소주?
B: 남자 친구가 저를 찼어요!
My boyfriend **dumped me**!

A: 걔 한테 말 하지 마. 걔 입 싸!
Don't tell her. She **has a big mouth**!
B: 그래! 절대 안 말할게!
Ok! I'll never tell!

A: 네가 김태희랑 결혼하면 내가 손에 장을 지질게.
If you marry 김태희, **I'll eat my hat**.
B: 정말? 너 약속했다! 식은 죽 먹기지!
Really? You promised! It's a **piece of cake**!

A: 정신 차려! 걔는 그림의 떡이야!
Get real! She is **a pie in the sky**!
B: 내가 못할 거 같아? 두고 봐!
Do you think I can't? Wait and see!

Idoms

Practice 2
빡세지! 그래도 영작해 보자~

A: 쟤(he) 노래 너무 잘 하는 거 같아. 나 소름끼쳐!

B: 너 걔 좋아하지, 그치? 나 눈 뒤집혔어!

A: 와서 나 한 대 쳐! 왜? 쫄았냐?

B: 아니! 쉬 마려!

A: 너 내 돈 안 갚을 거야?

B: 배 째!

A: 건배! 원 샷.

B: 저 한 번에 못 마셔요.

A: 뭐라고 말 좀 해봐! 너 삐쳤냐?

B: 나 할 말 없어. 나한테 말 걸지 마!

Composition 2
요렇게 하는 거라구~!!!

A: 쟤 노래 너무 잘 하는 거 같아. 나 소름끼쳐!
   I think he sings so well(he is so good at singing). **I got goose bumps**!
B: 너 걔 좋아하지, 그치? 나 눈 뒤집혔어!
   You like him, right ? **I see red**!

A: 와서 나 한 대 쳐! 왜? 쫄았냐?
   Come and hit me! Why? **You got cold feet**?
B: 아니! 쉬 마려!
   No! **Nature calls me**!

A: 너 내 돈 안 갚을 거야?
   Aren't you going to pay back my money?
B: 배 째!
   Sue me!

A: 건배! 원 샷.
   Cheers! **Bottoms up**.
B: 저 한 번에 못 마셔요.
   I can't drink at once.

A: 뭐라고 말 좀 해봐! 너 삐쳤냐?
   Say anything! **Are you cross**?
B: 나 할 말 없어. 나한테 말 걸지 마!
   I have nothing to say. Don't speak to me!

Idoms

Practice 3
빡세지! 그래도 영작해 보자~

A: 너 남자랑 술 마시면 안 돼! 위험해(dangerous)!

B: 답답한 소리 좀 하지 마.

A: 너 소식 들었어? 네 전 남친이 차 사고 났어(get a car accident).

B: 잘 됐네! 걘 좀 당해 봐야 돼.

A: 너 너무 귀여운 거 같애

B: 알랑방구 끼지 말고 꺼져(beat it)!

A: 걔(him)는 내가 알아서 처리할게(take care of~)! 아마 내 말 들을 거야.

B: 맞아, 걔 귀가 얇아!

A: 오늘 추워! 옷 단단히 입어라.

B: 걱정해줘서 고마워.

Composition 3
요렇게 하는 거라구~!!!

미쿡인은 절대 못 가르치는 영어
Anderson English

A: 너 남자랑 술 마시면 안 돼! 위험해!
You can't drink with a man! It's dangerous!
B: 답답한 소리 좀 하지 마.
Don't be a square.

A: 너 소식 들었어? 네 전 남친이 차 사고 났어.
Did you hear the news? Your ex-boyfriend got a car accident.
B: 잘 됐네! 걘 좀 당해 봐야 돼.
That's good! **He needs lessons**.

A: 너 너무 귀여운 거 같애
I think you're so cute.
B: 알랑방구 끼지 말고, 꺼져!
Don't butter me up, beat it!

A: 걔는 내가 알아서 처리할게! 아마 내 말 들을 거야.
I'll take care of him! He'll probably listen to me.
B: 맞아! 걔 귀가 얇아.
Right! **He is 'gulible'**.

A: 오늘 추워! 옷 단단히 입어라.
It's cold today! **Bundle up**.
B: 걱정해줘서 고마워.
Thanks for worrying about me.

미쿡인은 절대 못 가르치는 영어
Anderson English

Part 5
Test & Dialog

지금까지 공부한 내용을 점검하고,
대화 연습을 통해 한발 더 나아가요.

Part 5 - 1 Test

Test 1

A: 너 잤니?

B: 안 잤어.

A: 어디서 너 잤니?

B: 지하철 역에서 잤어.

A: 왜 너 그 여자 만났니?

B: 뭐 좀 물어보려고.

A: 어디서 너 그 여자 처음 만났니?

B: 나이트클럽에서.

A: 내가 전화해도 돼 오늘?

B: 아무 때나 전화해도 돼.

Answer 1

A: 너 잤니?
Did you sleep?
B: 안 잤어.
No, I **didn't** sleep.

A: 어디서 너 잤니?
Where **did** you sleep?
B: 지하철 역에서 잤어.
I slept at the subway station.

A: 왜 너 그 여자 만났니?
Why **did** you meet her?
B: 뭐 좀 물어보려고.
To ask something.

A: 어디서 너 그 여자 처음 만났니?
Where **did** you first meet her?
B: 나이트클럽에서.
At a night club.

A: 내가 전화해도 돼 오늘?
Can I call you today?
B: 아무 때나 전화해도 돼.
You **can** call me anytime.

Test

Test 2

A: 너 전화해야 돼 나한테 오늘.

B: 알았어. 밤에 전화할게.

A: 너 전화 안 해도 돼 오늘.

B: 알았어, 내일 전화할게.

A: 내가 전화 안 할게 오늘부터. 네가 나 안 좋아하는 거 알아.

A: 나 소주 마셔도 돼?

B: 그럼, 내가 낼게.

A: 무슨 라면 너 먹었냐?

B: 이름 몰라.

Answer 2

A: 너 전화해야 돼 나한테 오늘.
You **have to** call me today.
B: 알았어. 밤에 전화할게.
Ok. I**'ll** call you tonight.

A: 너 전화 안 해도 돼 오늘.
You **don't have to** call me today.
B: 알았어, 내일 전화할게.
Okay, I**'ll** call you tomorrow.

A: 내가 전화 안 할게 오늘부터. 네가 나 안 좋아하는 거 알아.
I **won't** call you from today. I know you **don't** like me.

A: 나 소주 마셔도 돼?
Can I drink 소주?
B: 그럼, 내가 낼게.
Sure, I**'ll** pay.

A: 무슨 라면 너 먹었냐?
What 라면 **did** you eat?
B: 이름 몰라.
I don't know the name.

Part 5 - **1** # Test

Test 3

A: 무슨 라면 우리 먹을까?

B: 그냥 아무 라면.

A: 무슨 라면 이야 이거?

B: 이거 일본 라면이야.

A: 언제였어 네 생일?

B: 2주 전.

A: 카드로 내도 돼요?

B: 아니요, 우리는 카드 안 받아요.

A: 무슨 사이즈냐 네 와이프?

B: 나보다 커!

Answer 3

A: 무슨 라면 우리 먹을까?
 What 라면 **shall** we eat?
B: 그냥 아무 라면.
 Just any 라면.

A: 무슨 라면 이야 이거?
 What 라면 is this?
B: 이거 일본 라면이야.
 This is japanese 라면.

A: 언제였어 네 생일?
 When **was** your birthday?
B: 2주 전.
 2 weeks ago.

A: 카드로 내도 돼요?
 Can I pay by credit card?
B: 아니요, 우리는 카드 안 받아요.
 No, we **don't** take credit cards.

A: 무슨 사이즈냐 네 와이프?
 What size is your wife?
B: 나보다 커!
 She is bigger than me!

Part 5 -  **Test**

Test 4

A: 너 여기서 자면 안 돼!

B: 뭐야 너 젠장?

A: 너 수영할 줄 알아?

B: 아니 못 해.

A: 나 무시하지 마!

B: 에이~ 다신 안 그럴께.

A: 나 천재인거 같아.

B: 아닌거 같은데.

A: 여기 sign 해야 돼?

B: 거기 sign 안 해도 돼!

Answer 4

A: 너 여기서 자면 안 돼!
　You **can't** sleep here!
B: 뭐야 너 젠장?
　What the hell are you?

A: 너 수영할 줄 알아?
　Can you swim?
B: 아니 못 해.
　No, I **can't**.

A: 나 무시하지 마!
　Don't ignore me!
B: 에이~ 다신 안 그럴께.
　Come on~ **I'll** never do that again.

A: 나 천재인거 같아.
　I **think** I'm a genius.
B: 아닌거 같은데.
　I don't **think** so.

A: 여기 sign 해야 돼?
　Do I have to sign here?
B: 거기 sign 안 해도 돼!
　You **don't have to** sign there.

Part 5 - 1 Test

Test 5

A: 언제 너 전화할거야?

B: 내일모레.

A: 무슨 영화가 재미있었어?

B: 영화 다 재미있었어.

A: 너 나 안 기다려도 돼!

B: 나 죽을때까지 너 기다릴거야.

A: 못 닥쳐?

B: 내가 왜 닥쳐야 되냐?

A: 너 뭐 먹을 거야?

B: 나 자장면 먹을 거야!

Answer 5

A: 언제 너 전화할거야?
When are you going to call me?
B: 내일모레.
The day after tomorrow.

A: 무슨 영화가 재미있었어?
What movie was fun?
B: 영화 다 재미있었어.
All the movies were fun.

A: 너 나 안 기다려도 돼!
You don't have to wait for me!
B: 나 죽을때까지 너 기다릴거야.
I'm going to wait until I die.

A: 못 닥쳐?
Can't you shut up?
B: 내가 왜 닥쳐야 되냐?
Why do I have to shut up?

A: 너 뭐 먹을 거야?
What are you going to eat?
B: 나 자장면 먹을 거야!
I am going to eat 자장면.

Part 5 - 2
Dialog

Practice

A: 한국에 언제 왔나요?

B: 2주 전에(2 weeks ago) 왔어요(come-came).

A: 왜요?

B: 한국 여자와 결혼하려고요(marry a korean woman).

A: 왜 한국 여자를(korean women) 좋아하나요?

B: 글쎄요, 나중에(later) 대답해도(answer) 돼요?

A: 지금 대답하는 게(answer) 좋을 텐데요.

B: 나 겁주지 마세요(don't scare me). 알았어요.

한국 여자들은(korean women) 귀엽고(cute) 요리를 잘하는 거 같아요.

A: 그게 저에요.(=제가 그래요.)

누구에요 가장 좋아하는 연예인이(your favorite star=entertainer)?

Composition

A: 한국에 언제 왔나요?

　　When did you come to Korea?

B: 2주전에 왔어요.

　　I came 2 weeks ago.

A: 왜요?

　　Why?

B: 한국 여자와 결혼하려고요.

　　To marry a korean woman.

A: 왜 한국 여자를 좋아하나요?

　　Why do you like korean women?

B: 글쎄요, 나중에 대답해도 돼요?

　　Well, **can** I answer later?

A: 지금 대답하는 게 좋을 텐데요.

　　You **better** answer now.

B: 나 겁주지 마세요. 알았어요.

　　Don't scare me. Alright(=ok).

　　한국 여자들은 귀엽고, 요리를 잘하는 거 같아요.

　　I think korean women are cute and cook well.

A: 그게 저에요.(=제가 그래요.)

　　That's me

　　누구에요 가장 좋아하는 연예인이?

　　Who is your favorite star?

Part 5 - 2
Dialog

Practice

B: 제가 어제 TV를 봤는데(watched TV), 뭐였지 제목이(the title)? 타자?

A: 뭐? 타자? 타짜가 아니라요?

B: 알잖아요 내 발음(my pronunciation) 안 좋다는 거.

몰라요. 어쨌든(anyway) 걔가 딱 제 타입(my type)이에요.

그 여자 이름 아세요? 내가 너한테 물어보려했는데 어제.

A: 한예슬 말이에요?

B: 예 맞아요! 나 그 여자랑 결혼하고(marry her) 싶어요.

A: 너 포기하는 게(give up) 좋을 걸 그 여자는 스타예요.

하지만 걱정 안 해도 돼요! 내가 그 여자 전화번호(her phone number)를 줄까요?

이게 그녀 전화번호(her phone number)예요.

Composition

B: 제가 어제 **TV**를 봤는데, 뭐였지 제목이? 타자?

I watched TV yesterday, what was the title? 타자?

A: 뭐? 타자? 타짜가 아니라요?

What? 타자? **Not** 타짜?

B: 알잖아요 내 발음 안 좋다는 거.

You know my pronunciation is not good.

몰라요. 어쨌든 걔가 딱 제 타입이에요.

I don't know. Anyway she is **just** my type.

그 여자 이름 아세요? 내가 너한테 물어보려했는데 어제.

Do you know her name? I **was going to** ask you yesterday.

A: 한예슬 말이에요?

You mean 한예슬?

B: 예 맞아요! 나 그 여자랑 결혼하고 싶어요.

Yes, right! I'd like to(want to) marry her.

A: 너 포기하는 게 좋을 걸 그 여자는 스타예요.

You better give up, she is a star.

하지만 걱정 안 해도 돼요! 내가 그 여자 전화번호를 줄까요?

But you **don't have to** worry! **Shall** I give you her phone number?

이게 그녀 전화번호예요.

This is her phone number.

Anderson English 영어 말문 터지기 1
미쿡인은 절대 못 가르치는 영어

초판 1쇄 인쇄 2009년 12월 03일
초판 1쇄 발행 2009년 12월 03일

지은이   앤더슨
발행인   이시우

표지, 내지 디자인   권태훈
기획 및 편집   한영미
내지 일러스트레이션   윤하나
표지 일러스트레이션   이재용

발행처   (주)도전과 내일
등록   2009년 11월 23일
주소   135-936 서울 강남구 역삼동 831-24 프레스티지빌딩 9층
전화   02) 539-0585
팩스   02) 539-0591

홈페이지   www.AndersonEnglish.co.kr
다음카페   cafe.daum.net/EnglishwithGeorge

ISBN 978-89-963502-7-9

이 책은 저작권법에 따라 보호받는 저작물이므로 무단전재와 무단복제를 금합니다.
이 책 내용의 전부 또는 일부를 이용하려면 반드시 저작권자의 동의를 받아야 합니다.

- 잘못된 책은 바꾸어 드립니다.
- 책값은 뒤표지에 있습니다.